大人物小故事丛书

军事家

颜煦之◎编著

U0781528

台海出版社

图书在版编目（CIP）数据

军事家 / 颜煦之编著. —北京：台海出版社，
2013. 7
（大人物的小故事丛书）
ISBN 978-7-5168-0173-4

Ⅰ. ①军…Ⅲ. ①颜…Ⅲ. ①军事家—生平事迹—世
界—青年读物 ②军事家—生平事迹—世界—少年读物
Ⅳ. ①K815.2-49

中国版本图书馆CIP数据核字（2013）第133307号

军事家

编　　著：颜煦之

责任编辑：孙铁楠
装帧设计：视界创意　　　　　　版式设计：钟雪亮
责任校对：李福梅　　　　　　　责任印制：蔡　旭

出版发行：台海出版社
地　　址：北京市朝阳区劲松南路1号，　邮政编码：　100021
电　　话：010—64041652（发行，邮购）
传　　真：010—84045799（总编室）
网　　址：www. taimeng. org. cn/thcbs/default. htm
E-mail：thcbs@126. com

经　　销：全国各地新华书店
印　　刷：北京一鑫印务有限责任公司
本书如有破损、缺页、装订错误，请与本社联系调换

开　　本：710×1000　　　1/16
字　　数：178千字　　　　　　　印　　张：12
版　　次：2013年7月第1版　　　印　　次：2021年6月第3次印刷
书　　号：ISBN 978-7-5168-0173-4

定价：29.60元

目录 **MU LU**

编者的话……………… 1

孙膑用兵如神……………… 1

李牧三让匈奴……………… 3

胯下之辱……………… 5

项羽破釜沉舟……………… 7

圯上老人……………… 9

李广遇险不惊……………… 11

霍去病居安思危……………… 13

陆逊火烧连营……………… 15

司马懿装病……………… 17

儒将谢安……………… 19

草人借箭……………… 21

狄青脸上留黑字……………… 23

狄青定军心……………… 25

杨延昭浇城退辽兵……………… 27

寇准逼主上阵……………… 29

坚守钓鱼城……………… 31

岳飞灭刘豫……………… 33

韩世忠大战金兵……………… 35

戚继光的猴子兵……………… 37

张献忠小鱼退官兵……………… 39

林则徐妙计歼英军……………… 41

邓世昌与舰共存亡……………… 43

仙鹤指路……………… 45

福将朱德……………… 47

陈赓智闯敌哨卡……………… 49

彭德怀巧摆斗牛阵……………… 51

将计就计……………… 53

为了铁的纪律……………… 55

两次"失手"……………… 57

刘伯承"猛虎掏心"……………… 59

居鲁士攻破巴比伦……………… 61

马其顿方阵……………… 63

火攻战象……………… 65

汉尼拔的包围圈……………… 67

战败大象阵……………… 69

在冰上开战……………… 71

原野大会战……………… 73

信心换来胜利……………… 75

战斗在圣诞节打响……………… 77

烧毁耻辱……………… 79

库图佐夫正中下怀……………… 81

拿破仑的新战术……………… 83

燃起篝火战敌军……………… 85

蜘蛛助战…………………… 87

智夺战舰…………………… 89

玻利瓦尔的心理战………… 91

库图佐夫计围敌军………… 93

宴席上的战斗……………… 95

向巴勒莫城进攻…………… 97

领着敌人进圈套…………… 99

蒙巴顿等待救援………… 101

与潜艇斗智……………… 103

与要塞同在……………… 105

舍尔的诡计……………… 107

崔可夫假投降…………… 109

趟过湖去………………… 111

"猎蛇计划"……………… 113

霍尔慧眼识阴谋………… 115

香烟当炮弹……………… 117

毁城保密码……………… 119

石块砸飞机……………… 121

难解的"弗里亚"………… 123

将军的耻辱……………… 125

海鸥聚集的地方………… 127

蒙哥马利改地图………… 129

头戴两个帽徽的元帅…… 131

假元帅真出访…………… 133

海市蜃楼伏杀机………… 135

弗瓦特的冰舰队………… 137

菲利普的失误…………… 139

海军少将杜尔曼………… 141

罗斯福装糊涂…………… 143

"老爷舰"布水雷………… 145

投石问路………………… 147

照片上的地图…………… 149

战场上的假动作………… 151

敌人自动送上门………… 153

炸 桥…………………… 155

总司令冒险摸敌情……… 157

元帅上阵打坦克………… 159

了不起的建议…………… 161

假扮敌人闯敌营………… 163

巴顿道歉………………… 165

撤退妙计………………… 167

我跟他们一起…………… 169

空投计划………………… 171

激将法…………………… 173

堡垒变坟墓……………… 176

失败者的荣誉…………… 178

戴高乐巧计破兵变……… 180

水冲防线………………… 182

人质抢夺战……………… 184

编者的话

古往今来，世界上涌现了多少英雄豪杰、旷世奇才！他们中有的胸怀天下，保家为国，为民谋福；有的文武双全，万夫莫当，勇冠三军；有的超凡入圣，博古通今，满腹经纶；有的足智多谋，能言善辩，安邦定国；有的七步成章，著书立说，著作等身；有的多才多艺，身怀绝技，不同凡响；有的心灵手巧，创造发明，造福人类；有的学富五车，诲人不倦，为人师表；有的浪迹天涯，出生入死，敢为人先；有的忍辱负重，自力更生，艰苦创业……

这些出类拔萃、建有丰功伟绩并能流芳百世的人物，就是人们所景仰的政治家、军事家、思想家、外交家、文学家、艺术家、科学家、教育家、探险家、企业家……

这些人，在他们各自领域能取得辉煌的成就，都有各自的原因。或是勤奋好学，任劳任怨；或是克勤克俭，锲而不舍；或是谦虚谨慎，勇于探索……他们的成功，离不开他们良好的心理素质和高尚的道德品质。他们的成功，都饱含着辛勤的汗水和痛苦的泪水。他们的成功，都有一个个说不完的动人故事。

这些人，是能人，是强人，是名人，是巨人，是圣人，是"超人"，是伟人，是我们常说的大人物。他们不仅为后人留下数不尽的物质财富，也给我们留下无尽的精神力量。他们是人们崇拜的对象，也是人们学习的榜样。

人们常说，"榜样的力量是无穷的"。"近朱者赤，近墨者黑"，就是这个道理。孟母三迁，择邻而居，就是要为儿子找个好榜样。

这里，我们收集了10个领域里共1000多位大人物的小故事。大人

物，虽是伟人、巨人，但他们也是常人，是凡人。他们也有着跟普通人一样的经历。他们有七情六欲，喜怒哀乐；他们有成功的喜悦，也有失败的痛苦；他们曾有万贯家财，也曾一贫如洗；他们曾所向无敌，也曾溃不成军；他们曾受人敬仰，也曾被人耻笑……在他们身上，有许多这样生动有趣的小故事。

这些小故事，大都以历史事实为依据，加以描写；也有以人物传记为蓝本，加以缩写；也有以新闻报道为素材，加以改编。这些小故事，有写政治家的雄才大略，也写他的大智若愚；有写军事家的视死如归，也写他的儿女情长；有写外交家的大义凛然，也写他的委曲求全；有写思想家的真知灼见，也写他的人生追求；有写艺术家的勤奋刻苦，也写他的德艺双馨；有写教育家的知识渊博，也写他的不耻下问；有写文学家的创作甘苦，也写他的奇妙构思；有写科学家的呕心沥血，也写他的失败经历；有写探险家的赴汤蹈火，也写他的胆大心细；有写企业家的仗义疏财，也写他的精打细算……

这些小故事，像一颗颗璀璨的露珠，晶莹剔透，闪闪发亮，能折射出大人物们身上夺目的光芒。这就是人格魅力！这就是人格力量！这就是我们学习的榜样。

我们写出这些大人物的小故事，把他们的精神面貌一一展示在你的面前，少年朋友们读了这些小故事，当可从中获得知识，受到启迪，明白事理，学会做人。

祝福你，少年朋友，但愿你也能成为大人物！

·孙膑用兵如神·

公元前341年，魏国联合赵国，向韩国进攻。韩国急忙向齐国求援，于是，齐国派孙膑和大将军田忌领兵去救韩国。

这天，孙膑和田忌率领军队行进到泰山脚下，见天色已晚，便命将士们就地宿营。吃过晚饭后，田忌来到孙膑的营帐，笑眯眯地说："再过两天就能赶到韩国了，这次我们一定能旗开得胜。" 孙膑微微一笑说道："不必这样心急，我还打算在泰山多玩几天呢。"

田忌觉得十分纳闷：打仗讲究的是兵贵神速，怎么他一点也不着急呢？正想着，孙膑又说道："田将军，你可曾想过，我们为什么要去救韩国呢？"

田忌想了想，说道："如果我们不去救韩国，韩国就会被消灭，魏国势力就会增强，那对我们齐国是不利的。"

孙膑点了点头，又问道："韩国强大了对我们有没有利呢？"

这个问题难住了田忌，他挠挠头皮想了半天，才说道："韩国强大了，好像对咱们也没什么好处。"

孙膑哈哈大笑，说道："现在你明白我为何不急着行军了吧！"

田忌有点明白了，他忙问道："你的意思是不是先让韩魏相斗，等他们两败俱伤后，咱们再去攻打魏国？" 孙膑含笑点了点头。 就这样，部队走走停停，不太远的路程，他们磨蹭了一个月还没赶到。

齐国军队要攻打魏国的消息很快传到了魏王的耳朵里，他急忙把正在围攻韩国的军队撤出来对付孙膑。眼看韩国就要被攻破了，却被孙膑给搅了。魏军主帅庞涓十分恼火，他发誓一定要好好教训教训孙膑。于是，庞涓率领大军气冲冲地直奔齐军而来，不料两军还没交

锋，齐军就撤退了。庞涓觉得纳闷，便亲自来到齐军驻扎过的营地观察，想看看他们的虚实。

齐军的营地在山坡下的一个大盆地里，那里到处都是他们烧饭用过的土灶，庞涓是个精明人，他派人细细一数土灶，竟有两万多个，不由暗暗吃惊。看来齐军人数不少啊！

接下来的几天，齐军都是不战自退，庞涓仍然派人去数灶，结果是他们的灶数越来越少。庞涓开始高兴起来，他洋洋得意地告诉部下："孙膑的士兵都是胆小鬼，你们看，这才几天工夫，他的人马已经逃跑了一大半，现在他们已经是不堪一击了，咱们正好打他们个措手不及。"说完，便下令放弃辎重，率领轻骑紧追齐军。

其实，他已经中了孙膑的"退兵减灶"之计。

这天，孙膑带着军队退到马陵，马陵地势险峻，道路崎岖狭窄，两旁山高树密，非常有利于埋伏。孙膑约摸着敌人可能傍晚时分就能追到这里，于是，他决定在这里设下埋伏，专等庞涓到来。

孙膑命人把道旁一棵大树的树皮刮掉，在上面写了一行大字，然后挑选了一万名弓箭手，让他们埋伏在道路两边的山坡上，约定等魏军来到，一见火光信号就立刻放箭。

魏兵连日追赶齐军，早都跑得人困马乏。这天傍晚，他们正在急速前进，忽然有个军士跑来报告，说前方道路被树木阻断。庞涓连忙跑去让人点火察看，只见一棵大树上刻着一行大字："庞涓死于此树之下。"庞涓这才知道上当，急忙下令撤退，但为时已晚。一阵乱箭射来，庞涓身中数箭，动弹不得，他不由长叹一声："让孙膑这小子成就了功名！"说完，拔剑自杀身亡。

魏军失去主将，不战自乱，孙膑和田忌乘胜追击，一举消灭了魏军，凯旋而归。

·李牧三让匈奴·

战国后期，塞外的匈奴十分嚣张，经常骚扰赵国边境。于是，赵王就派大将李牧前去镇守代郡，抵抗匈奴的侵扰。

匈奴单于（匈奴首领的称号）听说李牧来守边，不禁大吃一惊。因为李牧的大名，早就传遍匈奴，人人都说他用兵如神、骁勇善战。

为了安全起见，单于决定先派一名将军率领2000人马去探探李牧的虚实。没想到，派出的人马丝毫无损，凯旋而归。

领队的将军一脸得意，笑着对单于说："大王，那李牧简直就不会打仗。一开始，我还小心翼翼，生怕有个闪失，谁知还没打几个回合，李牧就逃跑了，早知这样，我也不必带这么多人马去了。"

单于听后，不相信李牧真这么无能，他决定再派一位将军，同样带2000人马，再作试探。

这个将军与李牧只打了两个回合，就夺下了一个关口，李牧他们连许多珠宝牛马都来不及带，就逃走了。

单于这才相信李牧徒有虚名，自己的担心一点也没必要，便放松了警惕。

这个消息很快传到了李牧的耳朵里，他知道自己的目的已达到，立即召集部下，商讨破敌之策。

李牧说道："匈奴兵多将广，个个骁勇善战，要是和他们硬拼，我们不一定是他们的对手，所以我就故作两次失败，来麻痹他们，让他们真以为咱们不堪一击。" 部下们这才恍然大悟。 几天后，李牧看时机成熟，决定将敌人引诱出来，狠狠地教训他们一下。于是，他让周围的牧民都出去放牧牛羊，然后，派出部队在四周保护他们。

　　匈奴见到漫山遍野的牛羊，急急组织了一小队骑兵前来抢夺，李牧的部下稍作抵抗，就掉头而逃。

　　匈奴单于决定亲率大军，向李牧大举进攻。

　　匈奴的一举一动，早在李牧的掌握中，他马上将兵力分成两股，从敌人的两侧包抄过去，准备将他们一举歼灭。

　　目中无人的匈奴兵起初不以为然，哪知几个回合下来，连连败北，这才赶紧突围。

　　赵国士兵怎么能轻易放走这些匈奴兵呢？他们越战越勇，将这些匈奴兵杀了个片甲不留。直到这时，匈奴单于才明白中了计。从此，再也不敢轻易侵犯赵国的边界。

·胯下之辱·

韩信（？—前196年），汉朝开国元勋，杰出的军事家，曾在刘邦与项羽的战争中，打了许许多多的胜仗。下面是韩信年轻时忍辱负重的一个故事。

韩信少年时代穷困潦倒，靠一个漂洗衣絮为生的妇女帮助，才渡过难关。

一天，韩信正在街上走着，迎面走来七八个地痞无赖。为首的一个名叫史文镛，这人出身屠户，长得粗眉大眼，尖嘴凹鼻，神情可恶。他见了韩信，便向同伴们打了一个手势，站下来，指着韩信道：

"喂，我说呀，你他妈的就是那个靠老娘们养着活命的小子吗？"

韩信不卑不亢地一拱手道："小弟从未得罪过各位，还请大哥们让道。"

史文镛嘻嘻一笑道："你得罪得还嫌不够吗？将我们男人的脸面都丢光了，整日不干一件正经事，读书人不像读书人，讨饭的不像讨饭的，还佩着这么一把鸟剑，做打狗棒使吗？"

韩信虽然潦倒，却习惯随身佩带一把长剑，所以史文镛才有这番言语。

韩信说："我自佩我的剑，与你什么相干？"

史文镛接着脸道："怎么不相干？你带着这根打狗棒，是想赶狗还是想杀人？若是想赶狗，我有现成的打狗棒，不妨与你换一根凑手的，省得你讨饭时碍手碍脚；若是想杀人，你就他妈的刺我一剑试试看！"

韩信忍让着，半晌才说："我与你无冤无仇，干吗平白地挺剑刺你？"

史文镛挡在他前面，呵呵大笑道："我就知道你是个窝囊废，别看你长得人高马大的，空有一副好身板，其实胆子比老鼠还小三分。你若有种，就往我胸口刺上一剑；若是承认自己是个孬种胆小鬼，就从我的胯下爬过去！"

说着，他双脚叉开，一指胯下，仰天哈哈大笑，神情十分不堪。

韩信即使是个泥塑木雕的菩萨，也咽不下这口窝囊气，他手按剑柄，怒目相视，登时头脑中转了好几个念头。原来韩信虽然文质彬彬，却自小学得一手好剑术，别说是这么几个流氓无赖，就算是十来个使剑好手，也未必是他的对手。只是如果一剑刺了这个家伙，这小子自然非死即伤。这事出在青天白日下的通衢大道上，官府岂肯充耳不闻？这样就免不了要吃官司甚至偿命。就为这么一个猪狗不如的青皮，值得吗？这么一想，他的气就忍了下来。别看韩信平日里不吭不哈，其实他的志向非常远大。要实现自己远大的理想，只好忍受一下屈辱了。

只见他盯着这厮足足看了有一分钟，然后深深吸了一口气，俯下身来，在众目睽睽之下，手脚着地，从这泼皮的胯下缓缓爬了过去。

当时的大街上已围满人。人们都觉得这青年人实在太没出息了。

几年之后，韩信在灭秦兴汉中立下了天大的功劳，一升再升，被封为"楚王"，成了历史上鼎鼎大名的军事家。

这几个污辱过他的泼皮担惊受怕起来，生怕韩信还记得当年的事，要来算账。幸好韩信不同他们一般见识，再没计较，大家也才慢慢体会出来韩信当年甘受胯下之辱的深意。

·项羽破釜沉舟·

公元前207年，秦国眼看就快灭亡了，为了做最后的挣扎，秦朝派出大将章邯前去镇压各路诸侯。章邯带着部队渡过黄河，把赵国杀得大败，并把赵王逼到了巨鹿城。

赵王见形势十分危急，便向楚国和其他各国求救，可是各国诸侯都被章邯的部队吓破了胆，他们派出的十几路援兵都不敢同秦军交锋，只是离秦军远远地扎下营寨。

楚国将领宋义的部队停在安阳，这一停就是40多天，他还天天大摆筵席，饮酒作乐，这可把副将项羽急坏了。他多次劝说宋义快点进军，都被宋义拒绝。

这时正值寒冬，士兵们受冻挨饿，苦不堪言。项羽决定借机杀死宋义，他一剑砍下了毫无戒心的宋义的脑袋，然后拎着血淋淋的人头走到大营中央，高声叫道："宋义企图造反，我奉楚王的密令把他杀了。"

楚军将士本来对宋义就十分愤恨，见项羽把他杀了，齐声大喊："该杀，杀得好！"一致推荐由项羽担任主将。

项羽也不推辞，立即同手下的将领们商量攻打章邯的事宜，最后，他派了一名大将为先锋，率两万军马渡过漳河去救赵王。

接着，项羽便领着主力部队出发了。渡过漳河后，他当众下令，全军每个士兵只准带三天的口粮，并把军队的饭锅全砸了，渡船也统统凿沉。

项羽斩钉截铁地说道："沉船表示决心，我们已经没有退路了，成败就在此一举，这次战斗我们只能进，不能退，三天之内一定要打

败秦军。"

这一番话，令将士们热血沸腾，他们齐声高呼："听将军的命令，誓死破秦！"

项羽的大军很快就到达巨鹿城附近，他们一见到秦军，就纷纷呐喊着向前冲去。项羽骑马直取秦军的主将。秦军的一名副将忙拍马迎了上来，项羽一声大喝，一戟将他挑于马下。楚军将士士气大振，奋勇拼杀起来。

忽然，前方的敌人闪开了一条路，原来是章邯杀了出来。项羽大吼一声，冲了过去。章邯见项羽如此勇猛，不禁心里有些害怕，急忙掉转马头就跑。

这场战斗，项羽大获全胜，章邯只得率领败军投降。

项羽的英勇让众诸侯心服口服，他们纷纷拜倒在地，说道："将军英雄盖世，我们情愿听将军的指挥。"

就这样，项羽成了众诸侯的首领，他率领着各路大军，浩浩荡荡地向秦朝都城咸阳杀去。

·圯上老人·

张良（？—前178年），字子房，祖先为韩国贵族。他是汉朝立国的一大功臣。

张良年纪轻轻就邀人在博浪沙行刺秦始皇，秦始皇在全国各地四处抓他，他只好改姓换名躲在下邳一带。

这天他独自在乡间小道上散步，走到一座木桥上，靠着桥边的扶手休息。这时一个七八十岁的老头儿慢吞吞地走了过来。

这老头儿弓身曲背，精瘦骨立，脸色铁青，他走到桥上，不知怎么一来，"噗"的一声，脚下一只破鞋落到桥下去了。

这老头儿瞟了张良一眼，说："我说呀，小伙子，老爷子的一只鞋落到桥下去了，干吗呆在那里不动？快，下去去替你老爷子拎上来！"

张良从未见过这么没有礼貌的人，本不想搭理他，但转而一想，这么一个老人，自己去拾也难，替他捡只鞋就捡只鞋吧。

他跑到桥下，将老头儿那只臭烘烘的破鞋捡了上来。

这老头儿伸出脚来，说："你替老爷子穿上！"

张良心里很不痛快，但心想，看在他上了年纪份上，好事做到底吧。他弯下腰，蹲着替老人将这只破鞋穿上。

谁知穿完了，这老头儿连谢也不谢一声，自顾自走了，头也不回一下。

约摸走了有一里路，这老头儿却又靸拉着鞋回来了，说："嗯，你这小子看来还可以调教。五天后的早晨，你上这儿来，老爷子有话教训你！"

张良这时已隐约感到这人绝非等闲之辈，就很谦恭地说："是，到时候小子一定来。"

五天后，天一亮，张良来到桥头，只见这老头儿已经在那里了。

老头儿一肚子不高兴道："瞧你，跟老爷子约会来得这么迟，太不懂礼貌了！五天后早点来，听见没有？"

五天后，鸡还未叫，张良就赶到桥头。

但那老头儿又已经在那里了。

他说："怎么回事？又迟到了！不像话！回去，5天后再来，这次可不许再迟到了！"

这次张良下了狠心，早早就赶到那里。

不多一会儿，老头儿来了，说："这才对了。"

他从怀中取出一卷竹简，交给张良说："好生研究研究，把这本书学好了就可以当皇帝的老师了。十年后必成大事。之后你可以到济北来看我，谷城山脚下那块黄石头就是我了。"

说完，老头儿自顾自趿拉着鞋，头也不回地走了。

张良打开一看，原来是一部《太公兵法》。

他细心钻研，终于帮助刘邦打下天下。

但是这老人再也没有露面。因他自称黄石，故而后人称他为"黄石公"；又因为古时候人们把桥称"圯"，所以又称他为"圯上老人"，至于说这人到底是谁，谁也说不上，看来，准是世外高人了。

·李广遇险不惊·

　　李广（？—前119年），西汉大将，是一个使匈奴闻名丧胆的名将。

　　这天李广带了120人在外巡逻，一个哨兵跑来叫道："李将军，事情不好，前面来了大队匈奴人马，有数千人之多！"

　　李广暗地里吃了一惊，但随即下令道："全体上马，缓缓前进！千万不要现出慌张神情，随时听我命令！"

　　李广对手下道："此处离大军有十几里路，如果往回走，必然被他们追上赶尽杀绝；不如迎面而上，定会使他们以为我们另有计谋。到时再随机应变。"

　　李广说着，就跃马走在前头。

　　他挺身拔背，颐盼自雄，身子犹如钉在马背上一般。

　　众骑兵见李广这般沉着，深受鼓舞，个个英气勃勃，视死如归。

　　匈奴首将骨耳朵，正带领2000人马缓缓行进，听探子来报，说前面只有百十个汉军骑兵，不由心中大喜，马上下令全力攻击，功成请赏。

　　才走了三里路，前面的速度就慢了下来。

　　边上一副将对骨耳朵道："将军请上前看看，不知为什么这些蛮子突然下马不走了。"

　　骨耳朵忙令暂且勒马待命，自己上来一看，只见前面二里开外有一队汉兵，都下马坐在地上，那些马匹则在草地上悠哉游哉地啃草。

　　他心中不免纳闷，心想，敌人即使有天大的胆子，也不敢这般轻敌。难道他们是被派来诱敌的？想到这里，他立即传令，叫人上山顶

去观察，看附近山谷里有没有伏兵。

这时，周围一声发喊，他还未弄清是怎么一回事，汉兵中十几匹马疾驰过来。

马上为首一个将军远远地就已拉弓搭箭。

只听见空中"嗖"的一声，身骑白马的骨耳朵大叫一声，倒撞在马下。

众匈奴骑兵吓得脸如土色，乱成一团，齐叫："飞将军！飞将军……"

这"飞将军"三字，正是李广的绰号。

再看这十余骑，已拨转马头缓缓回去了。

匈奴骑兵空有这么多人，因为死了主将，加上心存疑虑，谁也不敢轻易攻击。

这样一挨两挨，时已近半夜，匈奴副将只怕汉军乘夜偷袭，传令让一支骑兵断后，大部队赶紧撤了。

李广带了这些士兵人安全回来时，天色已经大亮。

·霍去病居安思危·

霍去病是西汉大将，山西临汾人，生于公元前140年，公元前117年英年早逝。他前后六次出击匈奴，解除了西汉初年以来匈奴对汉王朝的威胁。

霍去病坚守雁门关，率领着5000人马，打退了匈奴左贤王的进攻。匈奴40000骑兵，死伤惨重，左贤王为了避免全军覆没，把建立在雁门关外的军事据点付之一炬，率领残兵败将，一直退到大漠以北去了。

几十年来匈奴对中原的威胁解除了，从汉武帝刘彻到平民百姓，都为此感到欢欣鼓舞。

汉武帝为连年在北疆征战匈奴的霍去病兴建了宏伟的将军府，并亲自把它命名为"牡丹园"。这座牡丹园，是当时豪华的建筑，令很多人羡慕不已，但大家都认为霍去病配得上。

霍去病从雁门关班师回朝，汉武帝在牡丹园亲自接见了他。汉武帝说："这次雁门关之战，将军为朝廷，为国家立下了汗马功劳，为了表彰你的功劳，我特意盖了这座牡丹园，你现在就可以搬进来住。"

霍去病听到此话，再次跪下，连声说："陛下，此举万万不可！"

汉武帝一听霍去病不答应，脸上便露出了不悦的神色："将军难道认为这小小的牡丹园，还不能让你满意！"

"不，皇上恩德深重，我感激不尽。我这次取得胜利，是靠皇上的信任，靠众将士的拼杀，我霍去病有何德何能，岂能居功自傲！"

霍去病依旧跪在地上，埋着头继续说道："修牡丹园用了大量的民力和物力，假使这些人力物力能用在军事上，多置些战马刀箭，多修些关隘，那么匈奴再南下的话，我们就能有备无患，黎民百姓安居乐业，他们就会歌颂陛下的圣德的，那霍去病也会心安理得。望皇上能同意为臣的意见！"

汉武帝听了站起身，来到霍去病跟前，扶起他，叹了口气说："难得将军一片忠心，对于匈奴，我已经考虑好了，我会大修关隘，再派些人马到边疆屯田，以免日后有事救援不及。"

霍去病说："陛下如能时常惦记着北疆的安危，那就是万民之福，对我来说，匈奴未灭，无以为家，这新造的将军府，我决计不搬进去，请皇上原谅我的固执和愚昧吧！"

汉武帝点点头，说："既然如此，我也不强求，但是如何处置这座牡丹园，我看还是将军去办吧！"

"依我看，这座牡丹园最好能改成迎宾馆，专门接待来访的各国使节。"

汉武帝于是把牡丹园改为了迎宾馆，并让霍去病仍主持西北边疆的防务重任。

·陆逊火烧连营·

陆逊（183—245年）是三国时期吴国的名将，深得吴王孙权的器重，年纪轻轻，就被孙权任为帐下右都督。

公元222年，蜀国大将关羽被吴军所杀的消息传到了蜀帝刘备的耳朵里，他立刻调集蜀国几十万人马，发誓要踏平吴国，为关羽报仇。

刘备的军队气势汹汹，沿着长江顺流而下，把吴军打得节节败退，孙权闻讯，吓得惊慌失措，不知该如何是好。

这时，陆逊自告奋勇站了出来，请孙权拨给他50000人马，让他前去抵挡刘备的大军。

得到孙权的同意，陆逊率领着部队，来到了夷陵，这里是长江的西陵峡口，刘备的必经之地。只有牢牢守住这里，才能阻止刘备进攻东吴。

陆逊的军队刚刚安营扎寨，刘备的大军就杀到了。他们见陆逊拦住去路，立刻向他挑战。

陆逊十分沉着，根本不去理睬蜀军，命令部下不准出战，在军营里原地待命。

几天过去了，陆逊仍没有一点儿动静。这天，陆逊正端坐在大帐中看兵书，忽然帐外传来一阵喧哗。只听有人说："他是个胆小鬼，自己害怕蜀军，还不许我们出战，真窝囊！"另一个人说道："嘘！声音小点，别让都督听到了。"那人扯着嗓门说："我胆子可没这么小，听到就听到。本来就是嘛。你还说他定有什么好计谋，可你看看外面的蜀军都什么样了，我就不信他有什么好计谋！"听到这里，陆逊大步走出了营帐。那几名军官都不禁有些尴尬，只有刚才大嗓门的那个军官对他说道："都督，你不妨去看看，外面蜀军猖狂成什么样了！"

陆逊抬头向阵前望去，只见蜀国士兵三三两两，有的躺在地上，有的半靠在树下，武器全都扔在一旁。

这时，另一个军官悄悄对陆逊说道："都督，蜀军早已放松警惕了，我们不如趁机杀出去，打他们个措手不及。"

陆逊摇摇头说："不行，现在不到时候，不能打草惊蛇。这是蜀军故意设下的诱敌之计，我们偏不出去，看他们能拖多久。"

众人听陆逊这么讲，只得快快地回营帐去了。

又过了半个月，天气变得越来越热，蜀军实在晒得受不了了，刘备只好把军营扎到深山密林里，营寨一个连一个，共有四十多座。

蜀军的一举一动，全被陆逊掌握得清清楚楚。陆逊立即传令：全军每人带一把干柴，拂晓前到达指定地点。

天刚蒙蒙亮，蜀军还在酣睡中，忽听人喊马嘶，陆逊正带着将士四处放火，把他们的粮草、帐篷全都点着了，顿时火光冲天，把半个天空都映红了。

陆逊和将士们趁着火势，在蜀军的营寨里横冲直撞，杀得蜀军人仰马翻，四处逃窜。

刘备在部下的拼死保护下，好不容易逃出了营地，但想到自己的几十万人马葬身此处，他不禁仰天长叹："想不到我竟会败在陆逊这小子手中，这真是我平生最大的耻辱！"

·司马懿装病·

司马懿（179—251年），三国时魏国大臣，军事家。他足智多谋，擅权变。

当时司马懿想夺帝位，宗室大臣曹爽也想废除魏帝曹芳自己做皇帝。故而两下里你提防我，我提防你。

这天李胜要到荆州上任去，临走前到司马懿那里去告别。

司马懿知道李胜与曹爽关系密切，心想，正好借他的嘴巴麻痹一下曹爽。连忙一骨碌躺到床上，盖上被子，装出病歪歪的样子来。

李胜来到司马懿的卧室，只闻得满室的药气，只见司马懿昏昏沉沉地躺在被窝里，嘴里哼哼唧唧，不知在说些什么。

李胜行礼道："下官李胜拜见司马大人。下官将去荆州上任，特来向明公告辞。"

司马懿呓语一般说道："谁……谁呀？这个，这个……哦哦，是，是是李京李大人来着。"

李胜纠正他道："下官是李胜。"

司马懿瞟了他一眼，道："是，是是，对对不起，原来是李敏李大人。恕我老头子精力不济，老眼昏花，认不真了……对对对，我记起来了，你你是李敏李大人……哎呀，我口干死了，来来来人，粥，粥，我要粥！"说着一只手抖颤颤地连连指嘴。

两个婢女马上为他端来一小碗粥。司马懿手也不接，让婢女拿着粥碗一匙一匙地喂他。

不一会儿，司马懿的脖子里，胸口、被子上，衣襟上，洒得都是粥。

李胜道："大家只道明公只是旧病复发，稍加休养便可痊愈，哪里想到贵体会病成这个样子！"

司马懿上气不接下气地说："我这病，进进进棺材已是早晚的事……李大人，你上并州去，那里气候寒冷，冷……真难为了你……"

李胜道："下官去的是荆州。"

司马懿自顾自说下去："就是么，并州，太冷，你好好好好防守……你我怕再见不着了。我那两，两个犬子要能耐没能耐，要才干没才干，老夫死后，还烦李大人看在老夫脸上多多关照，老夫托托托付给你了……"

司马懿又如此这般颠三倒四讲了许多，简直就像只有两天好活的样子。

李胜出来，马上将司马懿的"病情"报告给了曹爽。曹爽听了大喜，心想，既然司马懿已经病入膏肓，还怕他怎地？从此对司马懿不再提防。

最后曹爽终于被司马懿的势力诛灭。

原来军事家不但会在军事上使诈，就是日常生活中也会使用计谋。

·儒将谢安·

谢安（320—383年），东晋大臣，河南太康人。与王羲之等名士交好，年逾40方出来做官，最大做到司徒。

太元八年（383年），前秦国君符坚派兵大举南下，朝廷震动。谢安派弟弟谢石及侄子谢玄带兵去抵御秦军，打了不少胜仗。

后来符坚亲率大军，号称百万，来势汹汹，欲取东晋江山，建康上下大为惊慌，皇帝就加封谢安为征讨大都督，要谢安设法退敌。于是谢安就不动声色地暗暗进行了打仗的部署。

当时社会上谣言四起，人心浮动，不少人甚至已经在收拾行李准备逃难。连谢安的侄子谢玄心里也没有底。谢玄去向谢安请安，然后请示道："大敌当前，外面谣言纷纷，伯父看如何迎敌为好？"谢安没事儿似地说："这些我有安排，贤侄不必操心。"

谢玄虽然心急如焚，也不敢往下问了，回去后到底心里不踏实，就命部下张玄去谢安处探探口气。不料谢安家人说谢大人已经上城外别墅去了，并吩咐张玄转告，请谢玄快去他那儿。

谢玄忐忑不安地来到城外，发现谢家的一批至亲好友都在那里，像要好生玩上一玩似的。谢安见谢玄来，高高兴兴地说："来来来，难得今天一个好日子，咱们不谈别的，痛痛快快玩他一天。"说着就摆开棋盘与谢玄下起围棋来。

谢玄本来棋艺远胜伯父，今天因为心里老是牵肠挂肚地想着前方战事，下一盘输一盘，一连输了好几盘。

这天一直玩到月亮升起大家才尽兴回去。

回到家里，谢安这才将各个将领一一分派出去。

　　这样又过了几天，谢安还是每天在与朋友下棋取乐。一天，谢安正下着棋，一个满头大汗的驿使进来，风尘仆仆地送上一份军情文书。

　　谢安顺手拆开看了，随手将信往床上一丢，仍旧与朋友下棋。

　　这朋友按捺不住，问道："前方战况如何，谢兄能见告吗？"

　　谢安只是轻描淡写地说："几个小后生已经打败敌人了。区区小事，别扰了咱们清兴。来，来，来，下棋！下棋！"

　　等下完棋，谢安回内室去的时候，他一不留神，在门槛上绊断了一枚木屐上的齿。他内心的激动，仅仅在这里稍有泄露。

　　其实这一场淝水大战，是一场惊天动地的大仗，至今还被列入以少胜多的世界级战争范例。

　　谢安就是这样一个处变不惊、指挥若定的人。要说"大将风度"，谢安才称得上呢。

·草人借箭·

唐玄宗时，节度使安禄山起兵造反，派他的将军令狐潮来攻打雍丘。不料遭到守将张巡拼死防守，一连许多天攻不下来。

要守城，最合适的武器是弓箭，但是令狐潮日夜攻城，张巡军箭支消耗很多，连夜赶着做都来不及，该怎么办？

张巡记起过去借箭的故事，心想，何不也依样画葫芦，来它一次，运气好的话，说不定能借它个几万。

这天一早，张巡下令一队士兵每人做一个稻草人，中午时分上交，不得有误，耽误的人按军法处治。

军令如山，士兵如何敢怠慢？不到中午，1000个高大结实的稻草人已经齐备。

张巡又吩咐收集破旧黑衣1000件，破烂无妨，但是一定要黑色的。弄不到黑的，用墨涂黑也成。

命令秘密传下去，一时间士兵分头行动，傍晚时分，1000件黑衣也已齐备。

这天夜里，天黑得像泼墨似的，伸手不见五指。月黑风高，正是行动的好时机。

半夜，张巡吩咐城头上的士兵先点起一两个火把，随即马上熄灭。然后又像失手掉下什么东西似的，"咯"的响了一声。这样做的目的只有一个：要引起敌人的注意。

如此两三次后，敌方如何能不注意？

果然，马上有人去报告令狐潮说，城上有动静，瞧那模样，是想爬下城来偷袭什么的。

令狐潮道："趁着夜色偷袭是打仗惯技。诸何不要吝惜箭，与我着力死射，有一个射一个，见两个射一双，绝对不许他们近前！"

不多一会儿，城头上果然黑乎乎坠下来不少人。

令狐潮一声令下，他的兵果然下力气射了半夜。

天明时才看清楚，坠下来的全是穿了黑衣服的稻草人。

这时草人上已经扎满了箭，密匝匝的像黑色的大刺猬。城上众人正在乐呵呵地往上拉。

令狐潮这次大概损失了10万支箭。气得令狐潮暴跳如雷。

过了几天，又有人来报，说城上有火把一现一现的，好像有什么动静。

令狐潮一拍桌子，骂道："张巡以为我是傻瓜？想让我再上当？没门！别睬他们！"

然而这次下来的却是张巡精选出来的500名勇士，下子冲过来刀砍火烧，直杀得令狐潮军队死伤惨重，仓皇后撤了十几里。

·狄青脸上留黑字·

公元1041年，西夏侵犯宋朝边疆，边防将士接连败北，范仲淹和韩琦受命去守卫边疆。

范仲淹是个文人，韩琦也还算不上是名将。他们都想提拔年轻有为、能胜任的将军来御敌，为国分忧。

他俩来到陕西，就多方打听。不久他们就听说，属下有一个部将名叫狄青，汾州西河人氏，打仗十分勇猛。

范仲淹自是欢喜异常，就传他来见。只见他身材修长，果然相貌非凡。

范仲淹着实勉励了狄青一番，又问他读过什么书。

狄青原是小兵出身，没念过什么书，连字也识不得几个，本来就拙于应对，一听主帅问起，不禁涨红了脸：

"小将不敢有所隐瞒，说……说来惭愧，小将从来，从来没……没念过什么书。"

范仲淹诚恳地对他说："嗯，这可不太好。你眼下已身为将军，要带兵打仗，就应该通晓古今、熟知兵法，不能光凭个人勇敢。只有认了字，读了书，学习了古人传下的兵法，这才可以避免许多失误，打仗才能够负少胜多。"

这以后，不论是作战的空隙时间，还是操练后的休整期内，只要一有空，狄青就捧起范仲淹介绍给他的书来读。

他起早贪黑地刻苦学习，几年下来，竟读熟了秦汉以来各类的兵法书，并且刻意加以研究，终于使理论和实践结合起来，指挥起战争来头头是道，胜仗打得更加多了。

狄青成了国家不可或缺的大将，几次提升，慢慢升到了马军副都指挥。

一次，宋仁宗召见他，看见他额头上还刺有两行黑字，就微微皱起眉头："爱卿为什么还没将这些黑字除去？"

原来宋朝时的士卒都得在额头上纹字，并涂上黑色，以防他们逃跑。这些黑色一经涂上，怎么洗也洗不去，只有经过批准，才可以刮去。狄青因为当过小兵，所以额头上才会有字。

狄青回答说："陛下不计较我出身低微而提拔我，这黑字，就让它留着吧，也让小兵们看了知道，只要努力上进，皇恩是浩荡无边的。"

宋仁宗听了十分高兴，因为宋朝从来就没有一个人是从小兵逐级升晋到这么高的官位的。

后来，狄青甚至做了枢密使，这可是管辖全国军事的大官呀。

·狄青定军心·

宋朝时候有一年，广西边境被一帮贼寇搞得民不聊生，皇帝几次派军队前去清剿，都被他们打得落花流水。于是民间谣传纷起，说这些贼寇都是玉皇大帝派的神兵鬼卒，刀枪不入。

这消息很快传进了狄青的耳朵里。他一点儿也不相信，主动向皇上请命，要求带队前去围剿贼寇。

皇帝给他拨了两万大军。狄青点齐兵将，立即出发。谁知将士们对贼寇是鬼神化身的谣言深信不疑，普遍存在着畏战心理。

这天晚上，出征的部队在一片空地上宿营。晚饭后，狄青独自一人走出营房，想去散散步，还没走多远，就见不远处有几点火光忽隐忽现。

狄青走近一看，原来是七八个士兵正跪存地上，烧香祷告："神仙保佑我们能平安回家。"

狄青不禁皱起了眉头，暗想：军心不稳，士兵气馁，这样的军队怎样打硬仗？得赶快想个法子稳住军心才行。

大军继续跋山涉水，向广西进发，一天，路边出现了一座神庙，狄青下令："原地休息，我要到庙里求个卦。"

狄青带着几名军官转身进了庙中。他跪在神像前，连叩了三个头，然后说道："此次出征，是凶是吉，但求神灵指点。"说着，他从腰间取出一只装满钱币的袋子，接着又说道："如果这次能大获全胜，那么我撒出去的钱，一定要全部正面朝上！"

身旁的军官们一听，都说："这怎么可能？这样的话，我们岂不是输定了？"

狄青摆摆手，没去理会众将，一抬手，满袋钱币全都掷了出去，只听"哗啦啦"一声，几百枚钱币纷纷落地，在地上打了两个转后，就躺在了地上。

众将面面相觑，慢慢走上前来察看，突然他们齐声欢叫，原来地上的钱币全是正面朝上。这消息飞快地在军中传开了，所有人都欢呼雀跃，说是神仙显灵了。

这时，狄青的脸上慢慢绽出了笑容，他让人把地上的钱币钉上，并叫人严加看守，说一定要等胜利归来，才能取钱谢神。

于是，一支容光焕发、精神抖擞的队伍开向了前线。在狄青的指挥下，大军轻而易举地捣毁了贼寇的老巢。

回来的路上，将士们一个个兴奋得合不上嘴。来到那座神庙外，他们都不由自主地跪了下来，感谢神仙给他们带来了好运。

这时，狄青叫人去将钱币上的铁钉拔掉，把钱币收起来。士兵都抢着去收钱币，可当他们捡起钱币时，却奇怪地发现，所有的钱币两面都一模一样。众人你看看我，我看看你，这才明白过来，原来这些两面一样的钱是狄青特制的，这正是狄青的稳军之计呀！

·杨延昭浇城退辽兵·

　　杨延昭（958—1014年）是北宋时期著名将领，他常常用奇谋妙计，以少胜多，克敌制胜，人称"杨六郎"。

　　公元999年冬天，辽国十几万军队由幽州南侵，打到了徐水南岸的遂城，就再也打不过去了。

　　这遂城的守将正是杨延昭。他率领着将士们奋勇抵抗，虽然敌人被一次次地击退了，但他的处境也相当危险。于是，他派了一个副将去请援军。

　　几天后，这名副将回来了，他一见到杨延昭，忍不住失声痛哭，说道："后方的将领都不愿意发兵相救，他们说，这遂城是弹丸之地，何必死争？"

　　杨延昭先是一惊，接着很快就平静了下来。他沉默了一会儿，心里想：前有强敌，后无援军，看来只能指望自己了。

　　将士们纷纷表示，要同敌人奋战到底。遂城的百姓也都自发组织起来，和杨延昭一起，抵抗入侵的敌军。

　　这天傍晚，杨延昭来到城楼巡视，只见近处井栏边有几个妇女在打水，忽听"扑通"一声，一个担着水桶的妇女在井沿的薄冰上滑了一跤。杨延昭不禁灵机一动，想出了一条破敌妙计。

　　杨延昭急忙走下城楼，吩咐跟随的几个部下，让他们分头去传令，告诉所有人，人人要准备一双草鞋，一对水桶。大家都很纳闷，不知要干什么。

　　天黑后，将士们和遂城的老百姓接到上城浇水的命令，立刻把一桶一桶的水挑上城头，浇下城去，不到三更天，整个遂城外墙都被浇

上了水。

天亮了，休息一夜的辽国大军带着特制的许多云梯又漫山遍野蜂拥而来。可就在他们接近城墙的时候，怪事发生了，冲在前面的士兵纷纷摔倒，一个个抱着大腿，痛得龇牙咧嘴。

后面辽军不知道前面的情况，继续前冲，在混乱中，辽军互相踩踏，死伤不少，攻城用的云梯也被摔得七零八落。

前来了解情况的辽军指挥官见遂城城墙竟一夜间结了一层厚冰，银光闪闪的好像一座水晶城，别说攻城，连靠近城墙都难，就命令部队撤退。

杨延昭趁机命将士们向下放箭，老百姓也举起石头向下砸去，城下的敌人被打砸得鬼哭狼嚎，连滚带爬地向后撤退。

杨延昭见时机成熟，下令将士都穿上早已准备好的防滑草鞋，然后大开城门，亲自率兵杀了出去。

辽军被杨延昭率领的军队杀了个落花流水，再也不敢轻易靠近遂城。

·寇准逼主上阵·

寇准（961—1023年），字平仲，是北宋著名的政治家、军事家。

公元1004年，辽国的萧太后率领20万大军浩浩荡荡地向宋朝进逼，宋朝的形势十分危急。

这天一早，上朝的官员上本议事，把契丹大规模入侵、边境许多城池失守的事，向真宗皇帝奏报。

真宗皇帝听后十分惊慌，宰相寇准却泰然自若，说道："皇上勿忧，只要五天时间，就可击败入侵之敌。"

真宗皇帝问道："你有何良策？"

寇准一字一句地说："御驾亲征。只要皇上亲赴澶州，就可以击退契丹的入侵。"

他的话音没落，朝廷上立刻响起了一片反对声。有的大臣说："不行，不行，皇上怎能冒险出征！"有的也跟着叫嚷："去不得！去不得！"

真宗皇帝从来没有打过仗，心里害怕，这些大臣的话句句说到他的心坎上。他把头一低，一声不吭，他想看看寇准到底怎么说。

寇准听后大怒，他声色俱厉地说："身为大臣，畏敌如虎，不思报国，该当何罪？"这一席话，把满朝文武说得满脸通红。他又对皇帝说："陛下御驾亲征，士气振奋，将士用命，必能克敌制胜。陛下放心，指挥作战，老臣义不容辞。"

真宗见众文武已无话反驳，自己又不能表现出胆怯的样子，细想寇准所说也有道理，只得硬着头皮答应了。

众大臣拥着真宗，率兵来到韦城。听说辽兵势大，一些大臣们又开始动摇起来，纷纷怂恿皇帝改变主意退兵南逃。

寇准气得一拍桌子，以全军统帅身份严肃宣布道："今日之事，有进无退。有敢欺君误国、临阵退缩者，本帅必将军法从事，决不轻饶！"

在寇准的统率下，全军渡过黄河，来到了澶州北城。寇准顾不上休息，陪同真宗登上城楼，检阅部队。将士们看到皇上亲临前线，士气大振，首次出战，就打垮了前来挑战的辽军，并击毙辽军主将萧挞凛，取得辉煌的胜利。

辽国的萧太后初战不利，又探知宋朝皇帝亲自出马，来到澶州，于是便派出使者，来到宋朝军营求和，同时提出了一个无理要求，要宋朝割让土地。

寇准非常愤怒，厉声斥责来使："你们侵犯我领土，失败求和，还敢提出割地要求，真是厚颜无耻！你方必须立即撤兵，否则来日决战！"来使遭到义正辞严的痛斥，只得灰溜溜地离开了。

这天晚上，寇准彻夜难眠。他知道，真宗皇帝此次御驾亲征是被迫无奈，心里一直是动摇的，更没有打下去的决心。国内情况也不妙，国库空虚，民穷财尽，军队的实力也不强。战争形势是不可能速战速决，拖下去也很不利，不如趁敌求和，做一些让步，结束战争。

第二天，寇准和真宗商量后，派出特使前往敌营谈判。出发前，寇准对特使说："辽国必须保证立即撤军，不得再犯我边疆。割地绝对不行，如果辽国确有困难，可酌情赠送一些绢帛。"

最后，宋辽双方达成协议，特使按照寇准指示，和辽国订了"澶渊之盟"。宋朝每年赠与辽国绢20万匹、银10万两，辽国撤兵。这个协议结束了战争，宋辽边境获得了一个相对安定的时期。

·坚守钓鱼城·

王坚（？—1264年），南宋名将，这儿讲的是他抵抗号称"上帝之鞭"的蒙哥的故事。

1259年，元皇帝蒙哥挥师南征，亲率大军进入四川，渡过渠江鸡爪滩，进驻石子山，向合州进攻。

合州钓鱼城倚天拔地，雄峙一方。它三面临江，形势十分险要。守将王坚三十五六岁年纪，身强体壮，气宇轩昂，凛然有威，显出一股英悍之气。他率领将士奋勇抵抗，使合州成了一根卡在蒙哥喉咙里的鸡骨头。

钓鱼城墙基坚实，城墙筑在山坡上，守易攻难。元将汪德臣亲自率兵攻了几次，都无功而返。

元兵在城下百般辱骂，王坚只是充耳不闻，不理不睬，紧闭城门，伺机还击。

一去二来，已是七月，天气炎热异常。元军将士们挤在这弹丸之地上，进退两难，加上水土不服，许多人身患痢疾，战斗力受到了严重的影响。

汪德臣心中焦急，带兵死攻。钓鱼城原是一座山城，城中有的是石子，石子劈头盖脑打下，其中一块椰子大小的石头一下砸在汪德臣脑袋上，将他打下马来，他顿时血流如注，被手下救回营中，没几天就死了。

蒙哥见死了爱将，心中闷闷不乐。他本来就好酒，这下更是逐日喝酒，一天竟有半天在醉乡之中。

这天，帐下谋士建议在空地上筑起一个瞭望台来，以窥探城中虚实。蒙哥觉得不妨一试，就吩咐抓来的木匠、石工连日加班施工，不久果然筑起了一个高达30丈的瞭望台。

蒙哥亲自带诸将上瞭望台去观察。

王坚在元军筑台时就作了准备，见有穿官服的人上了对面瞭望台，一声梆子响，箭如飞蝗一般射向瞭望台，石炮隆隆，打向瞭望台。不少元将被射得刺猬似的，另一些人被石炮击中，脑浆迸裂。

王坚亲自搭箭拉弓，瞄准蒙哥。蒙哥刚一转身，就感到背上一阵锐痛，原来王坚一箭已射中他的后背。蒙哥在众将簇拥下匆匆下楼。

王坚眼看元帝中了自己一箭，心中大喜，道："这箭镞上装有倒钩，进了皮肉，只进不出，即便有一等一的良医也要剜出一个大窟窿来，才能取下箭头。这样，即使蒙哥命大，也会要了他的半条老命。为了早日送他进棺材去，我还有一计在此，来人，快去放生池里捉一尾大鱼来，越大越好。"

半天后，手下捉来了一条重32斤的大鲤鱼。这鱼有一个孩子般长短，浑身呈金黄色。王坚又命厨子做了300个面饼，派人将这两样东西送给蒙哥，并附上书信一封。

蒙哥背上的箭镞好不容易才被剜出，他正昏昏沉沉躺在帐中，听说王坚派人送来面饼、大鱼，叫人打开信来念给他听。信中说："大鱼一条，面饼三百，赠蒙古大汗尝鲜，早日养好箭创。城里仓廪充实，再供十年军粮绰绰有余；外加大鱼满池，牛羊满坡，肉食不缺。大汗伤愈，我王某愿再次领教大汗的攻城本领。咱们一攻一守，再打它个十年八年。不知大汗意下如何？"

蒙哥听了又气又羞，大叫一声，金创迸裂，昏死过去。

众将见大汗身被重创，部下兵马也都憔悴不堪，无力再攻钓鱼城，只好徐徐退兵。

临走前，蒙哥想起自己一生纵横天下，不料如今在阴沟里翻了船，栽在王坚这个无名小卒手里，折了一世英名，不禁悲从中来，滚落床下，高呼：

"天啊！天啊！这是你要亡我蒙哥吗？！"

至今此处还被当地人称之为"喊天堡"。

就这样，蒙古大兵退到了金剑山温汤峡去了。1259年，一代枭雄蒙哥伤重不治。

·岳飞灭刘豫·

岳飞，生于公元1103年，是南宋初年最著名的抗金将领。他智勇双全，善于用兵，曾多次率领部队打击侵犯中原的金国军队。金兵只要看见岳家军的大旗，就吓得退避三舍，不敢前进。

岳飞的忠勇，宋高宗是看得清清楚楚。一次，岳飞又打了胜仗，凯旋时，宋高宗让人绣了一面战旗，亲自递到岳飞的手上。战旗上绣着他亲笔所写的四个大字：精忠岳飞。

岳飞激动不已，吩咐部将当场就把战旗悬在军中。宋高宗笑眯眯地看着他，忽然长叹了一声："唉，没有哪个古人能比得上你英勇，孤的朝廷里要没你这样的大将军，收复中原的事，孤恐怕连想都不敢想。"

岳飞听后，立即抱拳跪地，大声说："臣愿为皇上与大宋百姓同金兵决一死战！"

宋高宗一把拉起岳飞，说了一番心里话。原来，这宋高宗还有一个心腹之患，就是有个叫刘豫的汉奸，在金国的支持下，自称皇帝，在湖北襄阳一带，同南宋对抗。

其实这件事岳飞岂能不知道？他早就做好攻打刘豫的准备了。

几天后，岳飞率领部队，直奔襄阳。大军势如破竹，杀得刘豫逆军节节败退。半个月后，岳飞的部队便来到了襄阳城下。

这襄阳城由刘豫手下一员大将把守，此人叫李成，也颇能带兵打仗。他听说岳飞已兵临城下，忙率领士兵在汉江边排开了阵势。他把所有的骑兵统统排列在狭窄的江边，让剩下的步兵都排在平地上，准备同岳飞厮杀一场。

　　李成的阵形全被对岸的岳飞看在眼里，他不禁扑哧一笑，命令鸣金收兵，全军返回营寨。

　　岳飞的将士们一个个都心怀疑虑，冲锋在即，怎么反在这节骨眼儿上突然收兵呢？不知岳将军作何打算。

　　众人带着疑惑，刚要一起去找岳飞，谁知门外传来了一阵爽朗的笑声，岳飞竟先找上门来了。他不等众人开口就说："这个李成看起来会用兵，其实是个大笨蛋。今日我收兵，就是回来和你们商量明天如何打败他。"

　　众人一听，又惊又喜，立刻安静下来，听岳飞的安排，然后众人纷纷议论起来，一直到半夜。

　　第二天，岳飞并没有全军出动，而是只派了两员大将，一个带领一队步兵，去攻打李成的骑兵，另一个带领一队骑兵，去攻打李成的步兵。

　　第二天大一早，这两员大将立刻冲杀进敌阵。步兵个个手持长矛，专刺战马，一时间，几百匹战马受伤，它们狂奔嘶鸣，再也不受马上骑兵的控制，并不停地把他们摔下马来。这些摔下的骑兵不是跌个半死，就是被受伤的战马踏死。而岳飞派出的骑兵则在平地上追杀李成的步兵，大获全胜。

　　没费多长时间，李成便全军覆没了。众将士随着岳飞进入了襄阳城。

　　事后，部将们问岳飞是如何想到这一妙计的。岳飞微微一笑，慢腾腾地说道："江边地势狭窄，怎能适合骑兵作战呢？而步兵在平地上，又哪有骑兵跑得快呢？我让你们以自己的长处去攻敌人的短处，胜利是理所当然的。"

　　众将士听后，更加佩服岳飞了。他们在岳飞的指挥下，没过多久，便消灭了刘豫。

·韩世忠大战金兵·

韩世忠（1089—1151年）是宋代著名的军事家。他与张俊、岳飞、刘锜并称为南宋四大名将。

公元1134年，金国派大兵南侵。消息传到了南宋朝廷，宋高宗立即找来韩世忠，令他抵御金兵。韩世忠激动万分，他说："皇上对当前的军事形势如此担心，我们做臣子的应该为国分忧，以命相搏，誓保江山。"

韩世忠率部渡江，到了扬州。他先派一队人马到承州去伏击敌人，自己则准备率领骑兵到大仪（今江苏扬州西北大仪镇）阻击敌人的骑兵。他决心破釜沉舟，跟金兵拼个你死我活。他命令部队砍伐林木，做成一道栅栏，自断后路，以示决不后退。

但是，宋高宗内心害怕敌人。他在派出部队的同时，又派出两位使臣，向金国求和。

韩世忠知道出国的使臣将要经过扬州，他不愿意把自己的抗敌决心和军事部署让使臣们知道，以防他们透露给金国，于是连夜把军中的锅灶拆除了。

使臣们到了扬州，见到韩世忠正坐在扬州东门的城楼上监督撤兵。韩世忠告诉他们，这是皇上的旨意，要他的大军后撤，防守江口。看着韩将军的大军正从东门出城，向江边撤退，使臣们一个个深信不疑。

等使臣们走远了，韩世忠命令大军立即停止撤退，原地集中，队伍整顿好后，韩世忠跨上战马，威武地喊道："众将士听着，我军到此，本为痛击金兵，如今正是时机，全军立即出击，不得拖延！随我马鞭所指方向冲过去！"霎时间，只听得马蹄声如疾风骤雨一样响起来。千军万马直向大仪镇奔驰而去。

大军很快到了大仪镇。这里属于丘陵地带，地面起伏不平，韩世忠很高兴，连声说："好地形，好地形。"他根据地形，随地设伏，少的埋伏100多人，多的埋伏1000多人，从大仪向北，一共设伏20多处，把他们分为五阵。他命令伏兵，听到了鼓声，就一同出击。

再说两位使臣离开扬州北上，在天长城附近遇到了金军。一见面，金兵的指挥官就问有关韩世忠的情况。使臣说："韩将军撤兵了。昨天我们经过扬州，看到韩将军正亲自监督他的军队从东门向江边撤退。"

第二天，金军的骑兵大队毫无戒备，准备从天长经过大仪，向长江口前进。韩世忠见敌人进入伏击圈，立即发出了击鼓攻击的命令。一时鼓声大作，伏兵四起。金兵毫无准备，顿时被杀得大乱。

这时，韩世忠又一声令下，另外一支伏兵出击了。只见无数身体强壮的士兵蜂拥而至，他们手执长斧头，冲进敌阵，遇到金兵，上劈人胸，下砍马腿，直砍得金兵人仰马翻，拼命逃窜。他们慌不择路，无意中又陷入了一片泥潭之中。宋军的铁骑像铁桶一样围住他们，几个时辰后，金兵全被歼灭。韩世忠又命令一支部队向天长方向出击，消灭了剩余的金兵。

胜利的消息传到了京城，宋高宗兴奋不已，把自己曾派人求和的事忘得一干二净。他得意地说："我早就知道，韩世忠为人忠勇，他一定会打胜仗的。"

·戚继光的猴子兵·

明朝著名将领戚继光是位抵抗倭寇的民族英雄。他率领的部队纪律严明，训练有素，深受老百姓的爱戴，人称"戚家军"。

所谓倭寇，就是指14世纪至16世纪这200多年间，多次骚扰抢劫朝鲜和我国沿海的日本海盗。有一年，又有一大批倭寇入侵我国东南沿海地区，为了保护百姓，保卫国家，戚继光带领着将士们来到福建沿海。

刚到福建，将士们见这里临海环山，山林间不时有猴群窜动，心里都觉得十分有趣。

说来也奇怪，这山里的猴子不怕生人，有时还会高兴地跑到戚家军的队伍里讨吃的，然后在军营里随意地玩耍，就连平日不苟言笑的戚继光，都被它们逗得直乐。

一天，戚继光正带着将士们练习搏击术，突然，一大群猴子不知从哪儿钻了出来，它们见这里有人挥拳蹬腿，一个个兴奋得"吱吱"直叫。正在这时，猴群中走出一只老猴，低吼了两声，猴子们立刻都老实地蹲了下来，一动也不敢动。看来，这老猴便是猴王。

戚继光见状，不禁心中一动，心里默默地想道："干脆，我把老猴捉住，训练出一支'猴子军'，打仗时或许还能派上用场呢。"

他把自己的想法对众人一说，大家都觉得有趣，立刻组成一支捕猴队，一下逮住了老猴。谁知这老猴脾气倔强，刚开始一副宁死不屈的样子，后来在戚继光的精心照料下，才驯顺地接受训练。

几个月后，倭寇杀过来了，戚继光立即带着队伍前往迎战，一番厮杀后，倭寇被戚继光击退了。

众人让戚继光赶快乘胜追击，戚继光却笑道："现在追击只不过是再杀死一些倭寇而已，等我派出我的秘密部队，一定会杀得倭寇全军覆没。"说完，用手指了指蹲在脚下的老猴王。

众人以为戚继光在开玩笑，都哈哈一笑，不以为然。

等众人退下后，戚继光轻轻拍了拍老猴王的脑袋说："现在，就看你了。"

老猴王眨眨眼，好像完全明白了戚继光的意思，"吱吱"叫了两声，转身消失在丛林中。

到了晚上，戚继光突然命令部队紧急集合，说："就趁今夜月黑风高，去端掉倭寇的老窝。"

众人听得热血沸腾，正要行动，谁知戚继光拦住了大家，笑着说："别慌，还有一支队伍没到。"

众人正在疑惑，只见黑暗中跑来了一群猴子，为首的正是那只老猴王。戚继光见它们到了，拿出一个大木箱，木箱里全是一个个泥团子，泥团子里包着石灰。他让手下给每个猴子发了一个泥团子。最后，他在老猴王耳边嘀咕了几句，转眼间，拿着泥团子的猴子们又跟着老猴王消失在黑暗中。

戚继光这才下令，队伍以最快速度，向敌营进发。没多大一会儿，部队便神不知、鬼不觉地到了敌营外。这时，老猴王也带着它的猴群赶来了。它们围着敌营，大声地尖叫着。

倭寇们以为是戚继光杀来了，忙操起兵器，冲出营地，谁知出来一看，竟然是一大群猴子吵得他们不能休息，气得一个个忙着去赶猴子。

戚继光见倭寇们放松了警惕，发出一声长啸。老猴王听到命令后，忙将手中的泥团子向倭寇们掷去，它身后的猴子们也都学它的样子，把泥团子掷向倭寇。泥团子一个个裂开了，从中洒出一团团石灰粉，石灰粉呛得倭寇连声咳嗽，连连揉眼睛，已无法应战。

这时，戚继光猛地从黑暗中跳了出来，一挥手中的长剑，大喊一声："杀！"众将士听到号令，立即现身，向倭寇们杀去。

倭寇们哪想到戚继光会来这一手，没一会儿工夫，就被杀得大败。倭寇死伤惨重，连忙撤出营地，乘船逃跑了。

·张献忠小鱼退官兵·

明朝末年，天灾人祸，民不聊生，四川农民就在此时揭竿而起。这支农民起义军的领袖就是张献忠。

当时，张献忠在瞿塘峡北岸驻扎。崇祯皇帝知道后，立刻派兵遣将，命船队封锁江面，想把张献忠活活困死在山上。

这是个干旱的夏季，山上的水源都枯竭了，张献忠的士兵们找不到水喝，处境非常险恶。

看着干渴的士兵，张献忠内心也十分焦急，他知道，再这样拖下去，不用等官府的军队进攻，自己和部下就会全部渴死。张献忠决心冒险取水，晚上便领着十来个士兵，拿上水桶，偷偷地下了山。

他们翻过大山，顺着羊肠小道摸索着，为了防止被官兵发现，他们在脚下都绑上布条，蹑手蹑脚，不敢发出一点响声，好不容易才来到江边。

江水在月光的照耀下，闪着诱人的光芒。他们四下看看，一个人也没有，于是迫不及待地奔了下去，一个个趴在江边大口大口喝起来。

张献忠警惕地四处张望，等别人喝罢，才把头扎进水里，他不但喝足了水，还跳到江里洗了个澡，浑身上下都舒坦极了。

夜更深了，张献忠和部下每人拎了一大桶水，匆匆赶回营地。走着走着，突然"哗啦"一声响，把他们吓了一跳，张献忠低头一看，发现手中的桶里，有一条小鱼正在里面欢快地游着。张献忠这才明白，原来他刚才在江里打水时，无意捞了条小鱼，刚才那声音，正是小鱼拍打水花时发出的。

张献忠心中突然一亮，不禁笑着说："有了！有了！"

他的部下疑惑地看着他，只听张献忠轻声地说："我想到一个退敌的妙计。"

等走过官兵的封锁线后，张献忠的部下都兴奋地缠着张献忠，要他赶快把妙计说出来。

张献忠说："现在我有一个主意，让官兵们以为咱们山上还有足够的水源，这样，他们就会自动收兵，到那时……"

众人见他说到这儿竟卖起了关子，忙催着他快讲。张献忠微微一笑，弯下腰把桶里的小鱼捞了起来，说："退敌就靠它了！"见众人一脸不解的样子，他又是咧嘴一笑，把计划一五一十地说了出来，众人听了不禁喜笑颜开。

第二天一早，正在江边巡逻的官兵，突然听到一阵"啪啪"的响声，吓得他们一激灵，以为张献忠带人来抢水了，连忙发出警报。

官兵的首领闻讯后，立即带着大队官兵赶了上来，可找来找去，没发现一个人影，低头细看，却发现一条小鱼正在地上扑腾着。

官兵的首领捡起小鱼，发现它刚离水不久，气得他连称倒霉，命令部队立即撤退。官兵们也都大为恼火，没想到山上还有水，自己却在山下傻乎乎地守了这么长时间。

官兵撤退的消息传到张献忠的耳朵里，他忍不住哈哈大笑："看来明朝的气数尽了，一条小鱼就能吓退一大批官兵。"

·林则徐妙计歼英军·

林则徐（1785—1850年），字少穆，福建侯官人，中国近代著名的政治家、军事家。

公元1839年初夏，虎门焚烧鸦片烟的第三天深夜，两广总督邓廷桢突然来到林则徐的府上。林则徐知道，他一定是来谈自己交给他办的组织乡勇团练的事。

果然，邓廷桢人还未落座，便说道："这几天我已照你的吩咐，招募了数千渔民，他们都是20岁上下的青年，只要稍加训练，就可以协助水师作战。不过，此事尚无前例，不知道朝廷批不批准。"

林则徐点了点头，随手递过一份文书，说道："你看看这个。"

邓廷桢接过一看，原来是一张安民告示，上面写着：禁鸦片为保国卫民之大事，本部今告知全体军民，如英夷兵船开进内河，务必同心协力消灭之！

林则徐说："这事势在必行，我想朝廷肯定会准许的，请你加紧操练，不必有顾虑。"邓廷桢听后，这才放心地离去。

转眼到了九月，英国驻华商务监督义律为报虎门销烟之仇，向英国政府请兵，发动了侵华战争。义律率军舰两艘，快艇数只，突然向九龙口岸的中国水师巡逻艇开炮。水师提督关天培命令中国战船和炮台还击，将英军舰艇打退。

第二天，林则徐闻讯急忙赶来，在关天培的陪同下检阅了水师操练，并视察了炮台。他说："昨天虽然击退了英车，但他们不会就此罢休的，一定还会来犯，大家千万不能放松警惕。"

关天培连连点头，立即按照林则徐的吩咐，重建了两座炮台，又安置了数十新炮，并在所有的要道派了重兵把守。

林则徐这才放下心来，高兴地说："好啊，下面就会看到咱们的民心士气！"

英国人被打退后，岂肯善罢甘休！他们的军舰天天都在海面上乱转，想找机会再次进攻。一天，他们发现海面上有一艘中国的渔船在捕鱼，不禁心中暗喜，连忙把渔船包围起来。

面对如狼似虎的英国兵，船上的几个渔民毫不慌张。只见一个英国军官走了出来，向他们说道："不用害怕，我们做朋友好吗？"

渔民相互看看，全都一声不吭。那个军官从怀里掏出一锭白银，在他们眼前晃了晃，接着说："只要你们能带我们找到粮食和淡水，这个就归你们了！"

渔民小声商量了一会儿，就点头同意了。于是，他们驾着渔船，在前面带路，让英国军舰跟在后面，向陆地驶去。英军顺利地接近了海岸，他们让渔民上岸去拿粮食和淡水，然后再用船送回来，于是，渔民纷纷上岸去了。

英军等了一会儿，不见渔民回来，不禁有些焦急了，就在这时，震天动地的炮声响了，中国水师的舰艇从四面八方包抄过来，英军这才恍然大悟：中了埋伏了。英军连忙掉转船头，但慌乱中舰只互相碰撞，中国水师趁机进攻，英军伤亡惨重。

这一仗，灭了英国侵略军的威风，大长了中国人的志气。

·邓世昌与舰共存亡·

邓世昌（1849—1894年）是我国清末的海军将领，他从小就通晓英语，11岁便进了福州船政学堂，他成绩优异，精通海战，先后担任过"扬威号"、"致远号"管带。

1894年8月17日，中日黄海海战打响了，邓世昌指挥着"致远号"冲在北洋水师舰队的最前面，同日本军舰较量着。

由于中国军舰的火力远不及日本军舰，几声炮响后，旗舰"定远号"被敌人击中了，舰上的督旗沉入了大海。

邓世昌知道，舰队没了督旗，就等于没有了指挥，如再不竖起督旗的话，整个舰队将军心大乱。邓世昌果断下令："快升督旗，就升在'致远号'上！"

督旗又在"致远号"上升起，全军士气顿时为之一振。失去指挥的军舰立即改为听从"致远号"的指挥。

为了打乱北洋水师的阵脚，日本军舰立即把所有的火力都瞄准"致远号"。

敌人的炮弹不断落在"致远号"的周围，邓世昌把船上的将士召集到甲板上，他说："兄弟们，今天一战，关系着我们民族的生死存亡，我们要豁出性命，同日本人决战到底！"

眼看中国舰队的舰艇一艘艘被击中，邓世昌心急如焚地向炮手喊道："加大火力！加大火力！"

炮手一脸痛苦，看着邓世昌，半天才从嘴里迸出一句："大人，炮弹用完了！"

邓世昌先是一惊，跟着迅速冷静了下来。他扫视了一下四周同自

己一起出生入死的弟兄们，又望望正向"致远号"疾驶而来的敌舰，猛地振臂高呼道："兄弟们，我们早将生死置之度外，还怕什么！开足马力，对准敌舰，冲啊！"

全舰上下250名官兵，齐声高喊，将舰开得飞快，对着最近的日舰"吉野号"撞去。

"吉野号"上的日军没料到邓世昌他们如此不怕死，竟要与自己同归于尽，吓得急忙掉头，他们一边逃跑，一边发射鱼雷。

在避过两颗鱼雷后，"致远号"终于被第三颗鱼雷击中了，海水很快涌进船舱。"致远号"慢慢下沉了。

邓世昌半个身子已浸泡在水中，望着日舰，邓世昌不禁仰天长叹，他的心也随着"致远号"一同下沉着。

这时，一名水兵向他游来，将一个救生圈抛给了他，让他赶紧逃生。

邓世昌惨然一笑，看也没看，把救生圈扔还给了他，说道："船在我在，船亡我亡。"说话间，海水已淹到了他的脖子。

忽然邓世昌身边传来一阵"汪汪"的叫声，他睁眼一看，是自己的爱犬，它正游到自己的身旁，一口咬住他的衣服，不让他下沉。

邓世昌轻轻抚摸爱犬的头，流着泪说："老伙计，别管我了，如果我要活下来，那太对不起众多阵亡的兄弟了。"

说完，他按着爱犬的头，与爱犬一起沉入了海底。

·仙鹤指路·

清朝末年，中国有位将军叫聂士成。他英勇善战，立下不少战功。

1894年，日本侵略者攻打朝鲜，势如破竹。朝鲜军队实在抵抗不住了，只好向清廷求援，清廷立刻派聂士成率领一队人马，出征朝鲜。

到了朝鲜，聂士成的部队一连打了好几个胜仗，打掉了日本鬼子的锐气，并将他们赶到了朝鲜南部的成欢一带。成欢这个地方非常偏僻，加上战乱，这儿几乎不见人烟，没了当地的向导，聂士成和他的将士们迷了路。将士们都看着聂士成，希望他能想个办法出来。

聂士成也陷入沉思之中，正想着，几名士兵带来一个瘦子，说是找到一个当地老乡带路。

这瘦子头戴笠帽，手拄拐杖，看不出有多大年纪。他把胸口拍得"咚咚"直响，表示一定会把部队带到大路上。

聂士成想了想，也只有这样了。走着走着，队伍来到一个山谷中，这里危峰刺天，壁立千丈，地势十分险恶。这时前面那瘦子转身躲进了林中，再也不见了踪影。

聂士成大吃一惊，知道上当了。那瘦子肯定是日军派来的奸细，是故意引诱中国部队进入陷阱的，看来，中国军队一定被敌人包围了。

这时，士兵们也都慌了，他们知道，困在这里，只能是死路一条。

聂士成大声说："大家别慌，冲是冲不出去了，不能硬拼，我们现在只能再往前，看看有什么办法！"说完，大步向前走去。

走不多远，前面出现了一大块沼泽地，众人你看看我，我看看你，不敢再迈步向前。

聂士成长叹一声，心想：没想到我身经百战，最终命丧于此。想着想着，他无意间一抬头，突然眼前一亮，大笑起来："天助我也！"

众人跟着向西抬头望去，只见山顶上有一对仙鹤，头顶鲜红，浑身雪白，顾盼生姿，一副悠然自得的样子。

众人正疑惑不解，聂士成已向西边山顶爬去，大家只得紧紧地跟着他。

聂士成和将士们互相帮助，你拉我一把，我挽你一下，终于攀上了山顶，果然有一条羊畅小道，直通山谷外。

下山后，休息了两个时辰，聂士成一声令下，从敌人的背后包抄过去，全歼了敌人。

歼敌之后，将士们好奇地问聂士成："大人，你怎么就知道西边山下没有敌人把守呢？"

聂士成笑了笑，说道："是你们平时太不留意啦！当时我看见山顶上有对仙鹤，旁若无人地在那儿戏耍，就知道那边肯定没人。否则，这鸟目光尖利，早就飞走了。"

将士们这才明白，连赞聂士成遇事沉着，观察仔细。

·福将朱德·

朱德（1886—1976年），是我国伟大的军事家和政治家，他是四川仪陇人，原名叫朱代珍。1913年至1915年在滇军任营长、团长，后来参加了反对袁世凯复辟的护国战争。

当时，护国军由蔡锷率领，只有5000人，而袁世凯的北洋军却有数万之众，所以两军在四川泸州棉花坡初次较量时，护国军伤亡惨重。蔡锷知道，如果不尽早击溃棉花坡的北洋军，自己便会前功尽弃。他思来想去，决定派朱德带一支队伍作为先锋去攻打北洋军。

朱德接到蔡锷的电令后，连夜赶到司令部，蔡锷一见到他，忙指着墙上的地图说："你来得正好，快看，这棉花坡地处咽喉地带，我军和北洋军就好比集结在一条河的两岸，如果我们先过去炸开对方堤岸，敌人就会陷入灭顶之灾。"

朱德一听，立刻就明白了蔡锷找他来，就是让他去炸敌人的堤岸。棉花坡一战是决定双方胜负的关键之战。他当场表示，一定会胜利完成任务。

总攻开始了，朱德把兵力分成左中右三路，同时向敌人进攻。但面对四倍于自己的敌兵，护国军士兵的伤亡仍十分惨重。这时，袁世凯又从别处调来了几个师，局势更加严峻了。战斗进行到第六天，朱德认为必须要改变这种情况，决定先把敌人左右两翼的兵力引开，减轻自己的压力。

就在此时，当地老百姓跑来报告，说左侧山腰上敌人新设了一个指挥部，其中有一个坐轿子的大官。朱德马上派人前去侦察，得知那是敌人增援部队的指挥部，他立即派一个营从正面佯攻，然后派另外一个营进行偷袭。

这次，朱德大获全胜，打得敌人仓皇而逃，军需用品扔得满地都是。朱德乘胜追击，一下就占领了左侧山腰。

喜讯传到了蔡锷那里，他忙打电话祝贺朱德，并提醒他，敌人不会就此善罢甘休，让他千万小心。

朱德幽默地说道："将军请放心，我是福将，刀枪不入！"

蔡锷听后，哈哈一笑，说道："好！好！你先顶住，我马上就组织兵力，等敌人一出击，我便从他们的左右两翼乘虚进攻。"

这天深夜，大批敌人从棉花坡的小树林偷偷向朱德部队的营地摸去，想打朱德一个措手不及，可他们哪里想到，自己的一举一动，全在朱德掌握之中，就等着他们钻进伏击圈。

朱德等敌人越来越近，一声大喊，大炮顿时怒吼起来，雨点般的炮弹泻向小树林，敌人一下就被炸得人仰马翻，死伤无数，就在这个时候，敌人的左右两翼又响起了激烈的枪声和阵阵喊杀声。

朱德一听，就知道是蔡锷的援军到了，看来全线进攻的时候到了，他不再迟疑，一个箭步跳出战壕，率领着部下冲了出去。敌人早被炸昏了头，哪里还敢反抗？他们好像决了堤岸，一溃千里。

棉花坡之战，大长了护国军的士气，而朱德也因在这场战斗中的出色表现，被提拔为少将。

·陈赓智闯敌哨卡·

中国著名的军事家陈赓，是中国人民解放军大将，他原名叫陈庶康，湖南湘乡人。1916年入湘军当兵，1922年年底加入了中国共产党，两年后又顺利地考进了黄埔军校。

1924年5月的一天，陈赓接到指挥部的命令，让他渡过珠江，到广州市内去侦察敌情。长官一再嘱咐他，无论如何也要完成任务。看着长官严肃的表情，陈赓心里暗暗告诉自己，不管付出多大的代价，也要完成任务。

一切准备就绪，陈赓就上路了。他没费什么周折，便顺利地渡过珠江。可一上岸，他不禁暗暗叫苦，原来，敌人在每个进市区的路口都设下了岗哨，随时检查出入的人，要有通行证才能过卡。

这该如何是好？陈赓躲到旁边的草丛里，苦思冥想起来，可想来想去，哪有什么好主意。看看天色渐渐晚了，他急得直搓手，难道，就这样空手回去了吗？

就在陈赓焦急等待的时候，忽见岗哨里走出几个士兵来，手里还拿着厚厚一叠反动传单，见人就给。看到这儿，陈赓心里猛地一亮，计上心头。

陈赓趁人不注意，溜出了草丛，顺手在地上捡了一捆传单，往身上一背，装着若无其事的样子，向敌人的岗哨走去，一路上，他不断提醒自己，千万不能紧张，别让敌人看出破绽。

敌人的岗哨很快就在眼前，一个哨兵拦住了陈赓的去路，要他拿出通行证。

陈赓不动声色，还没等对方开口，一扬手里的传单，说道："兄弟，天都快黑了，我还有这么多传单没散完，打算到前面去散发。"说着，已穿过了岗哨。

那个哨兵信以为真，回头说道："那你要多辛苦了，不然就等着挨批吧。"

就这样，陈赓凭着手里的传单，顺利过了岗哨。这玩意儿果真比通行证还管用，让他在广州市区顺利地活动了三天，把敌人的设防情况摸得一清二楚。他把敌军的火力点和部队位置，标在地图上，成功地带回了营地。

上级看到陈赓带回的情报，大大表扬了他一番，当场任命他为东征军的指挥官，让他率领部队，杀进广州城。

陈赓非常激动，要知道，这可是他第一次率兵打大仗。他顾不得休息，急忙找来部下，连夜研究进攻计划。

经过一个晚上的商讨，一份详细的作战计划出来了，现在，陈赓万事俱备，只等出兵了。

几天后的一个夜晚，陈赓率领着他的部队，神不知、鬼不觉地渡过了珠江，直逼广州城的中心。敌人闻讯后，开始不急不忙地调兵遣将，想给陈赓的部队来个攻其不备，没想到，就在这个时候，布置在城区的各个部队纷纷来电，说自己那边情况危急，已被对方包围住了。

敌军的司令官不禁倒吸一口冷气，他实在不明白，自己部队的部署，陈赓是如何晓得的，难道他有千里眼不成。

他正纳闷的时候，有士兵来报：陈赓已带人杀到门口了！他吓得大惊失色，再也顾不得同陈赓较量，慌忙从后门逃走了。

这一仗，陈赓把敌人杀得溃不成军，从此，他的名声大振，令敌人闻风丧胆。

·彭德怀巧摆斗牛阵·

1929年1月，反动军阀何键领着大队人马，对井冈山地区的红军进行疯狂"围剿"，可攻来打去，一无所获，气急败坏的他不得不使出自己看家的本领，组织了一支"敢死队"，想去偷袭红军在八面山的前沿阵地。

敌人的一举一动早已被红军司令员彭德怀掌握。他得知敌人将用"敢死队"为前导的消息，估计他们的大部队肯定随后就会跟进，想以此打开一个缺口，来占领整个井冈山根据地。彭德怀想到这儿，立即命令所有的哨口加强警戒，严防敌人偷袭。彭德怀又针对敌人一前一后两个梯队，决定利用有利地形，在黑夜里摆个"斗牛阵"，让敌人自己打自己。

红五军第四大队根据彭德怀的命令，早早地埋伏在阵地的丛林中和山腰的两侧，战士们各有分工，一个个兴奋无比，都想看看敌人到底是怎么自己打自己的。

这天傍晚时分，敌人的"敢死队"悄悄地摸到了八面山的山头，他们每人身上都背着长短枪各一支。埋伏在路边的指战员，举起望远镜向"敢死队"身后望去，好家伙，离他们一里远的地方，黑压压的全是敌人。看样子，他们这次是动真格的了。红军战士们都屏住呼吸，只待敌人的"敢死队"走近时再开火。

目标越来越近了，随着一声"打"，埋伏在前面的丛林里的战士们先扣动了扳机，把一排排子弹射向"敢死队"，接着，一颗颗手榴弹又在敌群中炸开了花。

自以为神不知鬼不觉的"敢死队"，被这突如其来的炮火打昏了

头，知道中了彭德怀的埋伏，忙掉头就跑，生怕红军追上来。

这时，敌人山下的大部队听到上面传来的枪声，以为是自己的"敢死队"偷袭成功，和红军交上手了，赶紧急急忙忙吹响冲锋号，向山顶猛冲过去。埋伏在山腰两侧的红军战士早就等得不耐烦了，见敌人的大部队冲上来，忙集中火力，对着他们就开起了火。

敌人的大部队搞不清是怎么回事，一时间被打得稀里糊涂，黑暗里也不问青红皂白，一边胡乱开枪，一边疯狂地往上冲，他们打算先配合"敢死队"抢占山头，然后再对付山下的红军。

正在后撤的"敢死队"，突然听到山下传来激烈的枪声，以为是自己后面的大部队发起了强攻，便又壮起胆子，硬着头皮重新向山顶冲去。在山顶观战的彭德怀，见时机差不多了，率领一小分队从"敢死队"的侧面包抄过去，和前面埋伏的战士对"敢死队"形成了包围。在红军的猛烈火力打去下，"敢死队"终于支持不住了，一个个慌不择路地向山下逃去。

夜幕中，正一个劲往上冲的敌人大部队，忽见从山顶涌下大批人马，以为是彭德怀带领红军下山了，慌忙加大火力，堵住上面人的去路。"敢死队"从上面看得清清楚楚，他们忙声嘶力竭地大喊道："停火！停火！都是自己人！"但这些惨叫全被震耳欲聋的枪炮声淹没了，"敢死队"的队员们攻不上去，又退不下来，只得满山腰乱窜。

这场混战一直持续到天亮，敌人的大部队才发觉打错了，但为时已晚，"敢死队"已经全军覆没。敌人见再也讨不到便宜了，只得灰溜溜地撤下山去。

·将计就计·

1933年秋天，著名抗日将领杨靖宇根据中国共产党的指示，成立了东北人民革命第一军独立一师，由他担任政委兼师长，以长白山为抗日根据地，开展抗日活动。

当地有个土匪出身的"剿共团长"叫邵本良，他经常和日寇联合袭击杨靖宇的部队，但被杨靖宇一次又一次击败，所以他对杨靖宇恨之入骨。

有一天，邵本良又带着2000多名日军，连同他自己的一帮土匪，对杨靖宇进行了一次突袭，把杨靖宇将军的抗日部队围了个水泄不通。

几次的奋力突围，都被敌人打了回来，眼看弹药越打越少，杨靖宇知道，如果再不及时冲出去，后果将不堪设想。他决定不跟敌人硬拼，见机行事。

此时的邵本良也十分清楚杨靖宇的处境，他立刻召集部下，得意洋洋地说："这次可不能再让杨靖宇溜了，为了防止意外，我已想出了一个好法子，等杨靖宇一上钩，嘿嘿，他就再也飞不出我的手心了。"

两天后的一大清早，杨靖宇抗日部队阵地上的哨兵发现，大路上走来了一个人，这人走路东摇西晃，嘴里还哼哼唧唧唱着小调。

哨兵顿时疑心大起，这人既不像当地百姓，又不像是当兵的，看来这人可不一般。哨兵立即跳了出来，大喝一声："站住，你是什么人？"

这人一见是个抗日战士，吓得一声尖叫，转身就跑，谁知没跑多远，就"扑通"一声摔倒在地，再也爬不起来了。

这人一身酒味，直往哨兵鼻子里钻。哨兵将他押到杨靖宇面前。

杨靖宇命令士兵搜身，果然，士兵从他身上搜出一封信来。杨靖宇展开信，见上面写道："罗开吉营长大鉴：你处兵力最弱，杨靖宇一定会朝你方突破，望多加防备。我已派兵前来增援，两天必到。"信末署名是邵本良。

合上信，杨靖宇问了那人几个问题，那人却一问三不知。

杨靖宇突然问道："你平日也是专门给人送信的吗？"

那人忙把头摇得像个拨浪鼓，哆哆嗦嗦地回答道："我平日是管马的，不知道这次为什么要我送信……"

杨靖宇打断了他的话，又问道："那你为什么不从小路走，偏偏走大路，不怕被我们发现？"

那人慌忙辩解道："我也知道危险，可他们说没事，叫我尽管走大路！"

问到这儿，杨靖宇同参谋相视一笑，明摆着这一切都是邵本良设计的圈套。

杨靖宇突然灵机一动，决定来个将计就计。

当天晚上，罗开吉镇守的阵地上，突然响起了枪声。带着重兵埋伏在一旁的邵本良心中一阵狂喜，看来杨靖宇上当了，果真选择这里当突破口。他一声怪叫，带着部下从一旁包抄过去。

可是他们包抄来包抄去，别说杨靖宇，就连一个抗日战士都没发现，气得邵本良破口大骂。

原来，杨靖宇假装上当，让几个机灵的战士故意跑到罗开吉的阵地上空放几枪，然后迅速离开了；等到邵本良发现上当时，杨靖宇早已带着大队人马，从敌人防守最薄弱处突围了。

·为了铁的纪律·

张自忠（1891—1940年），山东临清人，字荩忱，著名抗日将领。1916年加入冯玉祥部，1923年任第25师师长，1931年任国民革命军29军38师师长。"七七事变"后，任国民革命军第59军军长，率部在鲁南台儿庄抗击日军。

1938年3月的一天，大雨如注，通往台儿庄的津浦铁路旁，张自忠突然停止了急行军，宣布将两个抢了杂货店两把雨伞并打了店主的士兵枪毙。

"此外，还有一件更为恶劣的事，"随后，将军的嗓门提高了八度，"昨天夜里，就在我们队伍驻扎在田各庄的时候，一个我们的兄弟，趁黑摸进了民房，强奸了一个年仅16岁的姑娘！这是怎么一回事，啊？是好汉的就好汉做事好汉当！你给我站出来！"

当天夜里，终于真相大白：干这丑事的竟是张自忠将军的绝对亲信，营长孙二勇，这个救过张自忠将军、亲手砍下过18个日本鬼子头颅的勇士！

"是我瞎了眼了，把他抓起来！"张自忠将军下了命令。

执刑士兵举起了枪，但是他们的手在颤抖。毕竟，这是一位自己的兄弟，一位难得的勇士。

"妈的窝囊废，抖什么，开枪啊，20年后老子又是一条好汉！"孙二勇在咆哮。

枪声响了，连枪声都那么犹豫。孙二勇倒了下去。

3月28日开始，中国的男儿在台儿庄与日本鬼子一拼死活，谁也没有时间再去想孙二勇。

但是，约在20天后，一天，值班的士兵进来报告："报告……报告张军长，他，他……回来了！"

"谁？"

"孙……孙营长，孙二勇。"

进来的的确是孙二勇本人，一个活生生的人，不是鬼魂，只是形容枯槁，头发像个鸟窝，人瘦得像条丝瓜，军服烂得成了布条儿。

他向张自忠将军行了一个军礼，未开口眼圈早已红了。

由于行刑的士兵慌了神，两枪都未击中要害。百姓养好了他的伤，劝他一逃了之。

"孙营长的命真大，看来，军长再不会杀他了吧。"兄弟们都在为孙二勇高兴。"人无死两次的罪啊。"

然而，张自忠将军亲自主持高级将领会议讨论这一问题，结论是，孙二勇还得第二次被执行死刑，理由只有一个：

咱们这支军队如要打败日本小鬼子，就必须是一支铁军！

军法处长向孙二勇宣读了这个命令，孙二勇虽然伤后无力，双腿还是并得不见一条线，腰背挺直得犹如一根电线杆子。

读完了，处长问他："孙二勇，你有什么话要说？"

孙二勇异乎寻常地平静："我懂。我坚决服从命令！"

张自忠将军亲自请他吃饭，大碗酒，大块肉，作陪的全是全军最高级的军官。

菜绝对的好，酒也不错，可是没有一位军官有这份胃口。

众人都不讲话，只是默默地举起碗来，默默地向孙二勇敬酒。

孙二勇来者不拒，只是一点头，站起来，一饮而尽。这一餐，他喝下了不少于20大碗的酒。

这次孙二勇在枪响后再也没起来。

两天后，震惊世界的台儿庄大捷结束了，抗日将士们打了一个大大的胜仗。

·两次"失手"·

吉鸿昌（1895—1934年）是我国爱国将领，察绥抗日同盟军领导人。

吉鸿昌在担任同盟军第二军军长的时候，手下有一位神枪手。他打仗英勇，杀敌很多，于是被提升至连长。也正因为他提升得快，这位神枪手就产生了骄傲情绪。

这天，附近农民家的一只小山羊不知怎么钻进了驻地连队的菜地的竹栅，老实不客气地低下头啃吃起菜秧来。

一个士兵看见了叫了起来："哎呀呀，瞧这小家伙，不请自来，吃起我们的菜秧来了！"

说着，拿起一竹梢条，赶起小山羊来。不料那小羊边跑边啃，一股子依依不舍的样子。

连长远远看见了，道："胆子不小啊，你走开，瞧我的！"

那位士兵赶忙闪开了，只见连长抓起一支步枪，瞄也不瞄，手起枪响，"砰"的一声，那只小山羊一个跟斗摔在地上，再也不动。殷红的鲜血染红了一大片土地。

早已看见的百姓，飞快跑去报告小山羊的主人。那主人跑来一把抱住小羊，嘴里连连道歉，倒退着走了出去。

这消息传到吉鸿昌的耳朵里，吉鸿昌的浓眉立即皱了起来，吩咐传令兵："快去备马，咱们上他们的连部一趟！"

连长正在得意自己的枪法，传令兵来报，说军长来了。

连长远远看见一脸怒气的军长滚下马鞍，猛地想起自己平月枪杀农民山羊的事，想起他平日所说不许侵害百姓一草一木，否则一定重办的话，吓得浑身发抖，赶忙"扑通"一声跪在地上。

吉鸿昌喝道："连长，你好啊，能告诉我你做了什么事吗？"

连长结结巴巴地说："报告……报告军座，下属……看见一只小山羊闯进了咱的园子里，胡乱糟蹋菜秧，下属……想吓它一吓，将它赶了出去……不料……不料手不知怎么一偏，失手将这只羊打死了。下属马上去羊主人家赔钱！"

吉鸿昌的浓眉高高竖了起来："手不知怎么一偏，失手将这只羊打死了？很好很好，这么说来，你这个神枪手是冒牌货嘛！"

"是，是，是冒牌货。"

吉鸿昌又是好气又是好笑，喝道："那么好吧，冒牌货，你就站起来吧。"

连长听此一说，不由长长地嘘出一口气，心想，幸好自己随机应变，随口胡乱编了几句，否则，罪责难逃。

心思未定，只听见吉鸿昌的口令响了起来："立正！向后转！"

连长只好按照口令，挺直腰板，一个向后转。

"起步走！"

连长拉开步子，朝着前方走去，才走出十步，一声"立定"，又让他停了下来。

他正搞不清军长葫芦里在卖什么药，只听见"砰"的一声枪响，自己头上的那顶军帽往上飞了起来。

连长吓得"妈啊"一声软瘫在地。

吉鸿昌大声儿道："非常抱歉，连长，我本想一枪崩了你，不料也学你的样，失手了一次，只是将你的那顶帽子打飞了。你与我好好听着，现在你的连长职务已经撤销，你下连队当排长去吧。以后再犯这种伤害百姓的事，决不轻饶！"

吉鸿昌的军队军纪一向严明，这只是一个例子而已。

·刘伯承"猛虎掏心"·

刘伯承是我国的军事家、政治家，是中国人民解放军的创始人和领导人之一。他原名刘明昭，四川开县人，1911年就参加了辛亥革命，1912年考入重庆军政府将校学堂。

1946年11月，中国人民解放军晋冀鲁豫野战军在取得了郧城大捷后，便转战河南北部，发动了滑县战役，刘伯承决定采取"猛虎掏心，取上将之首"的战法，首先歼灭敌人的王牌军孙震集团。

大家听说刘伯承要用"猛虎掏心"的战法，都感到纳闷，纷纷跑到刘伯承的房间，想问个究竟。

刘伯承微微一笑，没有直接回答众人，而是说道："大家别急，到时候自然就知道了。"

第二天，刘伯承命令几支队伍前去分头阻击和骚扰附近其他敌军，他一再嘱咐他们说："你们可以不打胜仗，但一定要拖住敌人，迷惑敌人，让他们觉得自己就是我们主攻的对象。"

这时，有些机灵的军官已隐隐猜到些什么，他们小声地问刘伯承道："你是不是想攻孙震一个出其不意？"

刘伯承这才含笑点头，说："猜得差不多了，这次我们一定要把孙震这支王牌军来个一锅端。"

接下来的几天，刘伯承又让敌后的地方部队去破路炸桥，劫毁辎重，为他的"猛虎掏心"创造了许多有利条件。

11月15日，在经过一番周密部署后，刘伯承命令主力部队由濮阳附近及郧城以北地区向西挺进，一定要在18日深夜赶到敌人结合部和指挥部所在地，对他们形成包围之势。

战士们一个个斗志高昂，精神抖擞，为了不打草惊蛇，他们专门在夜间赶路，就这样，大家披星戴月，神不知鬼不觉地到达了指定地点，布下了包围圈。

19日拂晓，当敌人还在睡梦中的时候，歼敌战便打响了。敌人被打得哭爹喊娘，四处逃窜。

战斗一直到22日才全部结束，刘伯承的部队这次共歼灭了孙震集团军的两个旅，共计18000多人。

取得了战斗胜利后，刘伯承这才对大家说道："你们现在知道什么是'猛虎掏心'了吧！说白了就是制造假象，再以最快的速度对敌主力攻其不备。"

·居鲁士攻破巴比伦·

公元前538年，波斯国王居鲁士率领大军将巴比伦团团围住，命令巴比伦国王快快投降。

巴比伦国王听后哈哈大笑，心想，就凭居鲁士，也想叫我投降？做梦去吧！他之所以如此自信，是因为巴比伦城的防御设施十分完备，它不仅城墙高，更重要的是拥有一套特殊的灌溉系统。只要拉动水闸，幼发拉底河的大水就会把城外变成一片汪洋。

居鲁士一心想攻占巴比伦。他见巴比伦国王如此蔑视自己，不禁大怒，立刻命令部下攻城。虽然居鲁士的部下英勇善战，可巴比伦士兵凭借着天时地利，把他们打了回去。

这时，巴比伦国王兴冲冲地来到城头上，他指着站在城下的居鲁士骂道："快趁早滚蛋吧，居鲁士！你哪是我的对手，等我再把秘密武器使出来，你要逃也逃不了啦。"

居鲁士看着巴比伦国王从容地走回城内，气得握紧了拳头，心里狠狠地骂道："你等着瞧吧，总有一天，我要把你揪出来碎尸万段！"

居鲁士回到营地，越想越气，部下来报，说逮到了巴比伦国王派来的一名奸细，居鲁士忙让士兵快快将奸细带上来。

奸细很快便被带来了，他跪在地上，吓得浑身直哆嗦。他想，居鲁士今天吃了败仗，还遭到了巴比伦国王的羞辱，这次一定会将他杀了出气的。

哪知居鲁士一言不发，盯着他看了半天，最后居然让人给他松了绑，并搬出椅子，让他坐下。

又过了一会儿，才听居鲁士慢慢地说道："我不杀你，因为我有个事儿要你帮忙。"说到这儿，居鲁士走到了奸细的身边，接着又说："如今的巴比伦城人心涣散，人人都知道我攻下城堡是迟早的事，谁还情愿为那个暴君送死呢？"

怕死的奸细连连点头，忙问居鲁士有什么事儿要他帮忙。居鲁士附在他耳边，轻声地告诉了他。

奸细想了想，使劲地点点头，表示一定会按他的吩咐去做。居鲁士赞许地拍了拍他的肩膀，突然厉声说道："你要是敢耍花样，嘿嘿！"奸细吓得腿一软，差点从椅子上摔下来，连说"不敢，不敢"。

把奸细放回去后，众将士纷纷来到居鲁士的营房，想问问到底是怎么回事。

居鲁士微微一笑，说道："你们知不知道巴比伦国王说的秘密武器是什么？"

众人齐声同答："不就是幼发拉底河的河水吗！"

居鲁士点点头说："对，就是幼发拉底河。如果巴比伦国王真的放水，我们是无计可施的。所以我便利用那个奸细，回去买通城里管水闸的人，先把幼发拉底河水放到另一个沟渠去，等巴比伦国王想放水，嘿嘿，只会气死他！"

这倒是个好方法，可如何才能攻进城去呢？

居鲁士一下看穿了大家的心思，胸有成竹地说："那个奸细既然答应去放水时，自然也会在晚上大开城门，迎接咱们的！"

天很快便黑了下来，那奸细果然打开了城门，居鲁士带领部下直冲巴比伦国王的宫殿。

这时，有人把这消息告诉了巴比伦国王，国王大惊失色，忙命人去放水。不料来人回答道："来不及了，幼发拉底河的河水全被居鲁士收买的人放光了！"

巴比伦国王气得大叫一声，当场昏死过去，等他醒来，居鲁士已站在他的眼前。巴比伦国王浑身发抖，颤巍巍地指着他说："你卑鄙无耻！"

居鲁士哈哈大笑："这叫兵不厌诈！"

·马其顿方阵·

公元前335年，马其顿国王亚历山大，带领部队征服了特利巴利人，就在准备祝捷的时候，他突然接到消息说，伊利里亚人占领了培利亚城，打算袭击马其顿军队。亚历山大吃了一惊，连忙领兵直奔培利亚城。

培利亚城建在高高的山顶上，那里山陡林密，易守难攻。亚历山大知道，这次攻城将十分困难，要想打败敌人，就必须在短时间内，把伊利里亚人引诱到平原地区。

但是，用什么办法才能把伊利里亚人从培利亚城引诱出来呢？这时，亚历山大想起了自己的"马其顿方阵"，"马其顿方阵"威力无穷，一旦在战场上出现，便会彻底动摇敌人的军心。这一次，亚历山大决定好好展示一下方阵的威力。

这天，马其顿军队面对培利亚城，在埃瑞贡河畔的河滩上摆开了"马其顿方阵"。方阵两侧，各有200名骑兵，中间的步兵手持兵器，有条不紊，威风凛凛。

伊利里亚人心里也紧张极了，以为"马其顿方阵"要进行攻击了，谁知亚历山大突然一声猛喝，手中的小旗一挥，两侧的骑兵齐声呐喊，朝培利亚城前进了一段路，接着停了下来，围起了一大块空地。

伊利里亚人不知道亚历山大葫芦里卖的什么药，又紧张又纳闷。这时，马其顿人的步兵居然跑进骑兵围住的空地，在里面练起了战斗动作，他们时而高举长矛，呐喊刺杀，时而放下长矛，左右移动。整体队形还丝毫不乱，动作整齐极了，让人目不暇接，叹为观止。

　　看着看着，伊利里亚人不由松了口气，都觉得这"马其顿方阵"真有趣，所有人都伸长了脖子，目不转睛地看着。后面的士兵因为人挤看不见，便跑出城，来到山坡上一饱眼福。

　　眼看伊利里亚人上钩了，亚历山大心中一阵暗喜，他突然发出了进攻的命令。正在"表演"的步兵猛地分向两边，紧跟着冲出一队弓箭手，弯弓搭箭，顿时箭羽像飞蝗一般射向伊利里亚人，一时间，正看得津津有味的伊利里亚士兵纷纷中箭身亡，城里一阵大乱，说时迟，那时快，两旁的骑兵飞也似的冲上了山，杀得伊利里亚士兵哭爹喊娘。

　　伊利里亚人一败涂地，只得弃城逃走。马其顿人轻而易举地占领了该城。

·火攻战象·

公元前280年的一天，希腊的伊皮鲁斯国王波洛斯带领4000名骑兵、3000名射手，气势汹汹地逼近了罗马城。

狄克推多是罗马元老院任命的独裁官，一听说希腊人杀来了，急忙风风火火赶回了罗马城。这时已经是明月当空，但他不辞辛苦，爬上城楼去观察敌人的阵地。只见远处的开阔地上，篝火连成一片，每堆篝火边都有一座像小山似的东西。狄克推多心里不禁纳闷起来：这是什么玩意？他睁大眼睛，看了半天，也没看出来。天蒙蒙亮的时候，士兵报告说，那是经过特殊训练的战象，冲锋时所向披靡。

从没见过大象的狄克推多不由一愣。的确，看这家伙的块头真是不好对付。于是他立即把将官们召集在一起，商量如何对付这庞然大物。

讨论了整整一天，也都没有结果。最后，狄克推多只好宣布散会。

这天晚上，狄克推多满脑子都是大象，一夜都没合眼，在天快亮的时候，他无意中看见靠在墙边的红缨长矛，突然心头一亮，猛地坐了起来，哈哈大笑："有办法了！我想到杀敌的好办法了！"

门外的守卫被狄克推多的笑声吓了一跳，急忙走进来，左右看看，什么异常情况也没发现。狄克推多却一个箭步走到守卫身边，一把扳住他的肩膀，连声问："是不是所有的动物都怕火？大象也怕火，对不对？"说着，他命令道："快！快去给我把所有的将官都叫起来，我要马上开会。"

将官们来了以后，根据狄克推多的构想，很快便设计出了一种奇特的战车，战车上能装炭火，等敌人大象扑上来，就把战车开上去，让车里的士兵举着红缨长矛和敌人搏斗，那红缨在事前蘸上树脂，一点火就会燃烧。这样，上百辆战车，成千支带火的长矛，就像一支支火把，一定能把敌人打退。

一切准备就绪，就等敌人来进攻了。十多天后，皮洛斯开始攻城了。这回，他调集了300头战象，把队伍排成五路横队向罗马城冲来。他们刚冲过城外的开阔地，城门突然大开，只见一辆辆战车直朝象群撞来，每辆战车上都盛有烧红的木炭，旁边还站着好几个士兵，他们等战车一靠近战象，就挥动带火的长矛朝象的眼睛、耳朵乱戳一气，从战车后面又冲上来无数罗马士兵，挥舞着砍刀，照大象的腿一阵乱砍，大象疼得跌跌撞撞往回跑，把许多跟在后面的希腊士兵踩成了肉酱。

在城头上指挥的狄克推多见时机成熟了，连忙一声大喊："罗马的勇士们，冲啊！"话音没落，成千上万的人冲出城门，一鼓作气攻进了皮洛斯的营地。

这一战，狄克推多大获全胜，让狂妄的希腊人尝到了厉害。

·汉尼拔的包围圈·

公元前218年，罗马对迦太基正式宣战，第二次布匿战争爆发了。

经过一番研究，罗马人作了两个战略部署，一是进攻西班牙，同迦太基的统帅汉尼拔的部队决战。另一个是渡海前往北非，直捣迦太基的老巢。

这时候，迦太基的一代名将汉尼拔也在作着战前的形势分析，最后决定，只留一小部分军队留守西班牙，其余的部队跟着自己，绕道插向意大利本土，出其不意地向罗马人发起进攻。

这年4月，汉尼拔率领着90000步兵、10000多骑兵、37头战象，从小路悄悄越过比利牛斯山，然后渡过罗纳河，抵达了阿尔卑斯山脉。这时已是9月份了，天气变得寒冷起来。险峻陡峭的阿尔卑斯山顶上已是白雪皑皑，汉尼拔知道，要想翻越阿尔卑斯山是非常困难的，尤其他所率领的官兵都来自北非，对这里严寒的气候不适应，也从未爬过这么高的山。难道就这样退缩了吗？汉尼拔摇摇头，他暗暗对自己说：为了战斗的胜利，不管付出多大的代价，也要越过阿尔卑斯山。

部队在汉尼拔的带领下，用了整整32天时间，克服了无数的困难，终于越过了阿尔卑斯山，来到了意大利北部的平原。这时，他的部队只剩下20000名步兵、6000名骑兵和一头战象了。

汉尼拔先让士兵们休息了一天，然后向敌人杀去。罗马人怎么也想不到，汉尼拔的大军竟会从自己背后杀来，顿时乱成一片，被汉尼拔打得落花流水。汉尼拔乘机率领大军长驱直入。

罗马军队的总指挥官费拉米尼被汉尼拔一下打乱了全盘计划，只得集中兵力，亲自率领着大军向北方挺进，想在半路拦住汉尼拔的军

队。

这个消息传到汉尼拔耳朵里，他知道，现在敌众我寡，不能同费拉米尼硬拼，于是又带领大军绕开罗马人的防线，向罗马城杀去。

这下，又让费拉米尼大吃一惊。为了保住罗马城，他连忙命令大军尾随追击汉尼拔，想拖住他，不让他进军罗马。

汉尼拔早就料到费拉米尼会来这一手，他吩咐自己的部队埋伏在费拉米尼必经之地，等他一进入埋伏圈，汉尼拔立刻命令军队发起进攻。没有一丝防备的罗马大军，一下子被汉尼拔杀得人仰马翻，溃不成军，就连指挥官费拉米尼也被乱箭射死了。这一仗，汉尼拔大获全胜。

这时，罗马城内一片恐慌，罗马人调来大批人马，防备汉尼拔的进攻。谁知罗马人又失算了。这一次，汉尼拔却没有攻打罗马城，他领兵南下，补充兵员和给养去了。

罗马人见汉尼拔远离了他们，这才松了口气。一转眼两年过去了，一直按兵不动的汉尼拔突然发兵，攻克了意大利的重要粮仓坎尼城。

坎尼城的失守，使罗马人再也坐不住了，他们立即调动了8万步兵、6000骑兵，还有排成70列方阵的步兵，集结在一起，他们认为，以如此强大的阵形，冲击敌方的阵线，汉尼拔是再也讨不到便宜的了。

汉尼拔这时只有4万步兵和1万骑兵，他仔细观察了罗马人的方阵后，决定将部队布成月牙形，向敌人薄弱处冲击。

战斗开始了，罗马人首先发起了进攻，汉尼拔战旗一挥，中间的步兵按照战前的安排，节节后退，慢慢使月牙阵形变成了一个大圆圈，把罗马人紧紧包围在里面，一番猛攻后，罗马人几乎又是全军覆没。

这一仗消灭了7万罗马士兵。在汉尼拔的战斗生涯中，又记下了辉煌的一笔。

·战败大象阵·

公元前202年，迦太基名将汉尼拔率兵2万，战象80头，企图一举灭亡罗马帝国。罗马上下部惊慌失措，就在这个时候，一个年轻的将军挺身而出，自告奋勇要求率兵前去迎战敌人，此人就是西皮阿。

西皮阿带领着队伍，来到了扎马地区。他打算在这里实行战略退却，把汉尼拔的军队引诱到既无水源又不利于防守的境地，然后再打败他们。

不久，汉尼拔的大军就杀到了扎马地区。汉尼拔把部队分成几部分，让最精锐的人马在最后面，再把小部分骑兵配置在左右两侧，最前面是那80头战象，他想依靠这些凶猛的家伙来突破对方的防线，然后依靠后面的精锐取得战斗的胜利。

西皮阿如何不知道厉害！他眼见敌人的战象冲了出来，急忙下令全军后撤，先避过这阵锐气再行设法。

那些战象都是野象，并非训练有素，只善于近距离交锋，要是长时间追逐的话，便不大容易指挥，汉尼拔只得喝住战象，准备明日再战。 这天晚上，西皮阿坐在营帐里苦思克敌之计，就这样，他想啊想，一直到了下半夜。

突然，营帐外面传来"嗵"的一声，把西皮阿吓了一大跳。他连忙走了出去，想看个究竟。这时，门外的哨兵见惊动了西皮阿，慌忙结结巴巴地解释道："对不起，大人，我刚才不小心把战鼓掉在地上了，请原谅。"

西皮阿好像没听见哨兵的话，他的目光却投向了地上的战鼓。他久久没有吭声。过了好大一会儿，西皮阿忽然问道："你快去看看，军中共带了多少战鼓和号角！"

那哨兵急忙跑去查看一番，回来后把具体数字报给了西皮阿。西皮阿听后，仰头又想了一阵，自言自语道："差不多了，等明天一早，我就让汉尼拔尝尝我的厉害。"

太阳出来了，汉尼拔兴冲冲地又命令他的战象冲出大营，自己仍带着主力部队殿后。今天他发誓，不管西皮阿逃到哪儿，也要彻底消灭他。

西皮阿今天根本不予理会，反倒率着军队迎向飞奔的战象群，汉尼拔感到纳闷。罗马军队离战象越来越近，西皮阿突然一声大喊："开始！"将士们一起拿出了战鼓和号角，顿时战场上鼓声大作、号角齐鸣，声音震耳欲聋。

凶猛的战象被这突如其来的声响吓得一下便乱了阵脚，有的停足不前，有的也跟着仰天长叫，还有的则掉头向自己军队冲去。

汉尼拔没想到西皮阿会来这一招，军队顿时大乱。西皮阿见机会来了，忙命士兵们乘胜追击，汉尼拔的大军被杀得大败。

初出茅庐的西皮阿一战成名，打破了一代名将汉尼拔百战百胜的神话。

·在冰上开战·

13世纪，俄罗斯军队同德意志立窝尼亚骑士团在楚德湖南部的冰面上进行了一场激战。这场战斗以俄罗斯军队全歼来犯的敌人而告终。指挥这次战斗的，是俄罗斯诺夫哥罗德公国的亚历山大·涅夫斯基大公。

公元1240年，德意志立窝尼亚骑士团的十字军骑士，对俄罗斯普斯克夫公国发动了攻击，几个回合，便攻破了城池，随后，他们又逼近了诺夫哥罗德公国。

诺夫哥罗德公国的贵族们，一个个都吓破了胆。这时，一个贵族提议，把智勇双全的亚历山大请回来指挥作战，可能会有一线胜利的希望。

这个提议，使贵族们在绝望中看到了一丝希望，一个贵族却忧心忡忡地说："过去我们对他过于无情，如今不知他肯不肯回来帮我们一臂之力呢！"

原来，亚历山大用兵如神，战无不胜，这些贵族们都怕他的权力越来越大，于是在前不久剥夺了他的兵权，把他赶出了诺夫哥罗德城。

这让众贵族们又面面相觑，鸦雀无声。最后，有一个贵族说："我想他一定会回来的，因为他一向把国家利益看得高于一切。"

果然如他所说，亚历山大为了保卫祖国，不计前嫌，接到邀请后，马上回到了诺夫哥罗德。他一进城，就开始组织全城的军民奋力抵挡敌人。由于他的指挥正确，战局立刻出现了转机，十字军被打得节节败退。亚历山大乘机猛追，并一举收复了普斯克夫公国。

被打败的十字军哪会这么轻易罢休，他们回去又组织了更多的人马，杀向亚历山大。

亚历山大闻讯后，立即率部迎击敌人。他准备在敌人必经的楚德湖彻底消灭他们。部队很快抢先到达了楚德湖东岸。亚历山大把地形仔细观察了一番，最后决定将部队部署在乌鸦石岛附近。因为这一带的湖面最狭窄，又有温泉，岸边的冰层比较薄，可能经不起敌人大队人马的重压。

开战前，亚历山大估计，十字军骑士可能会采用楔形队形来进攻。于是他决定把自己三分之二的主力放在两侧，从敌人的两边进攻，把剩下的二分之一兵力布置在中央，来抵御正面进攻的敌人。

一切刚刚安排就绪，敌人便杀到了。果然不出亚历山大所料，他们摆出了"楔形阵"，亚历山大命令弓箭手和投石手站到部队的前面，自己则带着一队骑兵埋伏到敌人的侧面。

敌人开始进攻了，他们顶着羽箭和石块，直向前冲。居中的俄军有些抵挡不住了，渐渐向后撤去。就在这时，俄军两侧的人马冲了出来，他们用长钩子将骑在马上的十字军拉下来，然后举起利斧，把敌人砍死。十字军哪见过这种打法，一下慌了阵脚，不知如何对付才好。正当他们进退两难之际，亚历山大一声大喊，率着埋伏的骑兵冲了出来。十字军在重重包围下没有丝毫的回旋余地。

就在此时，只听"哗啦啦"一阵响声，冰层破裂了。湖水像一个张大的大嘴巴，一下子把站在冰面上的十字军们吞进了湖里。这些十字军们都穿着铁盔铁甲，扑腾了几下，便全沉入了水底。

亚历山大胜利了，他歼灭了十字军，保住了家园。

·原野大会战·

14世纪时，东欧的各民族都处于蒙古金帐汗国的奴役之下，各族人民苦不堪言，可又都不敢起而反抗。就在这时，以莫斯科公国为首的一些国家站了出来，要摆脱蒙古的压迫。

蒙古人岂容有人造反，公元1380年，他们派出大将军马迈率兵征讨莫斯科公国。

看着前来的10万蒙古大军，莫斯科大公德米特里·伊凡诺维奇不禁有些紧张。他知道，光凭莫斯科的力量是抵挡不住蒙古人的，只有同其他公国联手，才有可能击败敌人。

经过德米特里的一番劝说，乌克兰、白俄罗斯等公国同意结盟，德米特里有了几分把握。

为了能更有把握地击退蒙古人，德米特里反复分析，最后认为，不能让蒙古骑兵深入到俄罗斯腹地，必须在敌人入侵之前，打垮他们精锐的骑兵，然后才能一举歼灭所有的敌人。

这时，各公国的援军陆续赶到，德米特里算了算，竟然也有10万人之众，这使他对胜利更有信心了。他立即率领着这10万军马，开到了涅普利雅德瓦河与顿河的交汇处。

1380年9月6日，联军在战斗前举行了最后一次军事会议。在会上，德米特里向众人提出了自己的看法：部队必须渡过顿河作战，以防蒙古人和立陶宛人会合。另外，顿河对岸是库利科沃原野，原野上河道纵横，岸边又有大片的丛林，蒙古骑兵就很难发挥他们的优势，这样也利于联军在丛林里埋伏突袭。

德米特里的建议得到了众人的赞同，最后一致决定，大军于9月8日早晨迅速渡过顿河，准备战斗。

部队渡过顿河，德米特里立刻开始调兵遣将。他把主力部队放在中间，前面是前卫队和先遣队。前卫队的任务是同敌人接战，先遣队的任务是去扰乱敌人的阵形。同时，他又在主力部队两边安排了两队人马。他们的任务是不让敌人接近，防止敌人将部队包围。最后他又在附近的丛林里安排了两队骑兵，让他们在关键时刻，杀进敌营。

一切安排妥当，只等敌人的到来。没多久，马迈率领的蒙古骑兵部队杀来了。战斗十分惨烈，德米特里的前卫队和先遣队伤亡惨重，败下阵去。

德米特里急忙率领主力部队迎上去，双方又激战在一起。蒙古骑兵知道，要想尽快取胜，就得先杀了指挥官。于是，几名蒙古骑兵催马向前，想杀掉战旗下的德米特里。

德米特里身旁的士兵奋力阻挡，都被杀红了眼的蒙古兵当场砍死。德米特里临危不惧，抽出佩刀，手起刀落，一眨眼，就将两名蒙古骑兵砍死在马上，鲜血顿时染红了他的战袍。

联军见自己的主帅如此勇猛，顿时勇气大增，以一当十，不少蒙古兵被当场砍死。

马迈见情况有变，忙大声命令士兵向前冲杀，谁也不许后退。又一番厮杀后，马迈的包围圈逐渐成形，眼看就要把德米特里和他的部队全部困死。

就在这千钧一发的时候，埋伏在丛林里的两队骑兵冲了出来，战局立刻发生了逆转。蒙古兵经过半天的厮杀，体力已消耗了大半，一时间招架不住，阵脚立时大乱。被困在包围圈里的联军见状士气大振，配合着骑兵团发起了猛攻。

马迈见难以抵挡，忙命部队后撤，可为时已晚，联军越战越勇，很快便把马迈的部队全都歼灭了。

经过库利科沃原野之战，蒙古人元气大伤，而俄罗斯各公国抗敌的火焰却越烧越旺了。

·信心换来胜利·

1770年，150000土耳其军队在卡古尔河畔将40000俄国军队困住，并切断了俄军的后援，俄军只剩三天的口粮了。

俄国元帅鲁缅采夫心急如焚，望着滔滔的卡古尔河水，流下了眼泪。他感到前所未有的绝望，不安和惶恐一齐涌上了心头，他为40000俄国士兵的生命担忧。

鲁缅采夫暗暗提醒自己，不能让部下们看到自己绝望的神情，不然将会军心涣散。鲁缅采夫随即调整好情绪，向营地走去。他决定战斗到底，哪怕只剩下最后一口气，也不能让敌人轻易取胜。

回到营地，鲁缅采夫立即将主要军官召集到一起，对他们说道："虽然现在敌众我寡，但我不信咱们就会输给他们，只要用我们的长处去对付敌人的短处，就一定会取得战争的胜利！"

一名军官小声地嘀咕道："说得容易，四比十五，哪能斗得过人家！"

鲁缅采夫将目光投向了他，大声说道："你连一点自信都没有，哪有勇气去打仗呢！"

众人听了这一番话，都觉得有道理，何况又看到鲁缅采夫胸有成竹的样子，顿时信心倍增。

看到大家又精神抖擞起来，鲁缅采夫赞许地点了点头，说道："虽然我们面临着巨大的困难，但不能靠别人，也不要指望上帝会带来奇迹。要想胜利，要想活着回到家乡，就得靠自己，靠我们40000人的力量！"

军官们不由自主地鼓起了掌，胜利的信念又在胸中冉冉升起，他们高喊着："胜利！回家！回家！胜利！"

看着部下高涨的士气，鲁缅采夫决定主动向敌军进攻，给敌人造成增援部队赶到的假象。他派出10000名士兵掩护后方，8000名士兵牵制敌军右翼，自己则带领剩下的22000士兵，进攻敌军的左翼。

土耳其军队起初有些慌张，但看着来势汹汹的俄军，也只得尽力拼搏了。他们把150门大炮对准进攻的俄军，想以强大的火力阻挡住俄军的进攻。

土耳其军队的炮火猛烈，俄军很快被打了回去，土耳其士兵高兴极了。他们立刻派出10000名士兵作为冲锋队，向俄军扑去，准备将他们一举歼灭。

鲁缅采夫见敌人中计了，忙命令部队后撤，土耳其军队在后面穷追不舍。

敌军的主力全都离开了兵营，鲁缅采夫骑上快马，越过正在退却的部队，让他们反退为进，大声说："真正的战斗开始了，为了自己，为了国家，我们一定要战胜他们！"

在鲁缅采夫的指挥下，俄军迅速改变了阵形。敌人越来越近，鲁缅采夫一声大喊，预备队从后面包抄了上来，其余的军队分成三面，包围了敌军，俄军的大炮也瞄准了敌人部队的中心，一齐发射。

土耳其士兵被炸得措手不及，他们只得拼命地往后撤，想突出重围。俄军此时哪能放过敌人！他们一个个怀着必胜的决心，奋勇拼杀，以一当十，杀得敌军人仰马翻。

俄军终于杀退了土耳其军队，鲁缅采夫这时才放下一颗悬着的心。他知道，这场战斗全是靠信心和勇气赢来的。

·战斗在圣诞节打响·

1776年7月4日，美利坚合众国诞生了。为了不丧失在美洲的利益，殖民主义国家英国派出56000人的部队，在总司令豪将军的率领下，直逼纽约和哈得孙河谷地带，企图占领美洲大陆会议所在地费城。

严峻的考验摆在了刚刚上任的美军司令华盛顿将军面前。他知道，敌我力量悬殊，自己的正规部队只有20000人，军事装备也远远不如英军。到底如何抗击英军？这是个问题。

这时，前线不时传来美军失利的消息，美军的士气大大受挫。纽约失守了，费城也难保。这些消息，都没让华盛顿慌乱。他只是沉着地关注着局势。他认为，只有抓住机会，给英军狠狠的打击，尽快提高自己士兵的士气，这样才可能取得整个战役的胜利。

机会终于来了。圣诞节前夕，英军暂时停止了进攻，许多英国士兵开始打点行装，准备回国休假，谁都没有兴趣去关心战争了。在英军的特伦顿阵地上，到处张灯结彩，一派节日景象。

看来，英军彻底麻痹和疏忽了，华盛顿立即下令，将反攻的时间定在了12月25日——圣诞节的晚上。

圣诞节晚上，华盛顿按计划率领大队人马出其不意地杀向特伦顿阵地。毫无准备的英军官兵们正在欢庆节日，立即被美军杀得鬼哭狼嚎，四散奔逃。

华盛顿的士兵们俘虏了大批英军，并缴获许多武器。这是美军取得的第一次胜利，全军上下士气猛增，欢声雷动。

华盛顿为进一步扩大战果，马上又进行了新的战略部署。因为他知道，这次是胜在出其不意，受挫的英军一定会大举反扑的。

　　果然，正在英国休假的豪将军恼羞成怒，他立刻派出了7000人的增援部队。

　　豪将军派出的指挥官确实不同凡响，他一到前线，便指挥军队以钳形攻势把华盛顿的部队包围了起来，让华盛顿进退两难，形势十分危险。

　　华盛顿一边稳定军心，一边不断派出侦察兵，去四处打探英军的行动。侦察兵带回来的消息说，这个英军指挥官不愿全军出动，把部队分成两组，一组准备作战，另一组则放在不远的普林斯顿压阵。华盛顿决定避实就虚，再给英军一次措手不及的打击。

　　华盛顿一方面命令美军抓紧时间挖战壕，给英军以坚守阵地的假象，另一方面，则亲自率领主力部队，从军营的后面悄悄出发，直奔正在普林斯顿待命的那支英军。

　　在普林斯顿待命的英军预备部队，正等着前面的好消息，谁知华盛顿的军队一下子出现在他们面前，一时间，刀光剑影，枪声大作，这支英军部队很快便全军覆没了。

　　第二天一早，英军的指挥官精神抖擞地杀进华盛顿的军营，可里面一个人影都没有，他正气得咬牙切齿的时候，突然发现普林斯顿的城堡上，一面美国的国旗，正呼啦啦地飘扬着。

·烧毁耻辱·

18世纪末，建立不久的美国海军军舰不多，人员素质不高，军事力量很弱。别说与别国打仗，就连海盗也对付不了。美国为了能在大西洋上顺利运输货物，不得不每年向活动在大西洋上的海盗们进贡，破财买路。

然而，到了19世纪初，海盗们的胃口已大得吓人，嫌美国政府给的贡金太少，竟用刀砍断了美国在中美洲几个国家大使馆前的旗杆，同时宣布：从今以后，在海上见到美国人就格杀勿论。

海盗的行为，激怒了美国人民，他们要总统杰斐逊赶快向海盗宣战，不能再软弱了。于是，杰斐逊派出当时最先进的"费城号"快速炮舰去围剿海盗，哪想到，一个回合下来，不但"费城号"搁浅在黎波里海域，就连船上300余名官兵也都成了海盗的俘虏。

当海盗将"费城号"当做战利品到处炫耀时，美国的一位叫斯蒂芬·德凯特的年轻海军舰长再次被激怒了，他决心带着自己的军舰，冲进黎波里港，亲手把美国的耻辱"费城号"烧毁。

1804年2月16日，德凯特率着自己的"无畏号"军舰，在稍作伪装后，悄悄驶向海盗盘踞的黎波里港。远远望去，"无畏号"就像一艘被风暴损坏的商船，歪歪斜斜地行驶着。

黎波里港就在眼前了，德凯特用望远镜仔细观察，发现海盗的老巢防守非常严密，而搁浅在海岸旁的"费城号"附近，不时游弋着海盗的战舰，要想靠近它，实在不太容易。好在这一切都在德凯特的预料之中，他让士兵们按原先的计划，慢慢靠近黎波里海港。

"无畏号"在快进入海港的航道时，一队海盗已乘着巡逻艇飞速地朝它驶来，远远地大声喊道："干什么的？不准进港，再不停，我们就开火了！"

德凯特忙命令一位化了装的领航员站在船头，按事先交待好的口径，用阿拉伯语回答道："我们是阿拉伯的商船，昨天在海上遇到了大风暴，船已严重损坏，请允许进港修理。"

海盗们一听是阿拉伯商船，不禁喜上眉梢。他们都知道，阿拉伯人非常富有，到嘴的肥羊岂能轻易放过，当即一口答应他们进港。

"无畏号"缓缓驶进了港，当离"费城号"越来越近时，德凯特和士兵们心里顿时紧张起来，他们一个个按计划站到了自己的位置上，几分钟后，两条船相会了。

就在擦肩而过的一瞬间，德凯特一声令下，第一个跳上了"费城号"的甲板，随后，其他的士兵们也跟着跳了上去，众人齐心协力，无声无息地将船上看守的海盗们一一干掉。

这时，德凯特已和众人在各个船舱里点起了火，这才开始撤出。他们一返回到"无畏号"上，立即开足马力，调转船头，驶出了黎波里港。

十几分钟后，"无畏号"已远离了海盗们的火炮射程，德凯特这才回头望去，只见"费城号"上燃烧着熊熊的大火，接着一声震天巨响，"费城号"爆炸了。

德凯特没用一枪一炮，就烧毁了使美国人感到耻辱的"费城号"，这消息，顿时振奋了大西洋各条航线，也从此掀开了美国海军历史性的一页。

·库图佐夫正中下怀·

1806年，土耳其与俄国的第三次战争爆发了。土耳其军队占据了易守难攻的舒姆拉要塞，俄军数次进攻，都没能奏效。

为了改变被动的局面，俄军派赫赫有名的库图佐夫元帅为总司令，攻打舒姆拉要塞。库图佐夫一到前线，便采用诱敌之计，出其不意，将土耳其军队打得落花流水。

这次胜利，大大鼓舞了俄军战士们的士气，大家摩拳擦掌，等着库图佐夫下达乘胜追击的命令，将敌人一网打尽。可等了半天，库图佐夫不但没让部队去追杀敌人，反而下令拆除炮台，炸毁工事，尽快后撤。

众人纷纷去找库图佐夫的好朋友耶诺夫斯基，希望他去劝说库图佐夫把握战机，乘胜追击。

耶诺夫斯基也搞不清库图佐夫的意图，急匆匆地跑向库图佐夫的营帐，想问个明白。

库图佐夫听耶诺夫斯基把事情一说，就笑着说："我既然不下令去追击，自然有我的道理。"

耶诺夫斯基焦急地大声说："你以前打仗可不是这样！"

库图佐夫哈哈大笑："不错，我以前打仗不是这样，但你可想过，那土耳其军队指挥官阿哈买拜也不简单啊。他吃了败仗，一定以为我们会追，所以就拼命地往舒姆拉跑，你好好想想，这舒姆拉易守难攻，等我们追到跟前，肯定人困马乏，那时候，又要面对坚固的要塞，又要抵挡强大的敌人，我们还能赢吗？"

库图佐夫的一番话，说得耶诺夫斯基直点头。他想了想，说道：

"就这样算了吗？那咱们也太窝囊了！"

库图佐夫摇摇头："你就别多想了，等着看下一步的好戏吧。"

耶诺夫斯基又惊又喜，可他还不明白"下一步的好戏"是什么。

库图佐夫拍了拍他的肩膀，一字一句地说："因为我们的撤退，必定能鼓舞起敌军的士气，那时，他们又会忍不住从要塞里冲出来攻击我们，等那时……"说到这儿，他做了一个手势，然后紧紧地握住了拳头，砸向桌面。

果然，土耳其军队发现俄军不追赶他们，反而掉头撤离，以为俄军内部必定发生了什么意外，他们忙调集大量的兵力，追击俄国军队。

这一切正中库图佐夫的下怀。他立刻派了一队敢死队偷袭舒姆拉要塞。要塞里只剩一些老弱病残，所以敢死队没费什么力气就夺下了要塞。这时，库图佐夫下令敢死队冲出要塞，从背后攻击土耳其军队，自己则带领大队人马突然杀个回马枪，与敢死队前后夹攻。没几个回合，土耳其军队就被杀得七零八落，死伤大半。

库图佐夫再一次运用他的智慧，为俄国赢得了胜利。

·拿破仑的新战术·

拿破仑年轻时，曾在法国科西嘉部队担任炮兵中尉。后来，他所在的部队首领向英国政府投降了，法国政府便委任拿破仑担任炮兵指挥官。他带领军队，攻打叛军占领的军港土伦。

当时，攻击土伦要塞最有威力的武器是火炮，而这也正是拿破仑最熟知的。众人一致认为，集中部队里所有的火炮轰击土伦，打开一条进攻的通道，是最好的办法。可拿破仑最担心一点，就是当自己用火炮攻击敌人时，海上的英国军舰会不会驶近岸边反击。陆地上的火炮虽然是攻打固定目标的最佳武器，但对行驶中的战舰，却毫无办法。

拿破仑把自己关进房间里，重新分析起战斗中可能发生的情况，哪怕一个细节都不放过。为了能确保战斗胜利，他抛弃了以往的作战模式，针对土伦要塞的特殊情况做了大胆的尝试。他一方面准备集中200门火炮，来突破土伦要塞的北大门；另一方面，又征集了十几艘大船，把陆地上用的火炮搬上船，固定在前后甲板，隐藏在英国军舰必经的海面上，用来阻止英国军舰对土伦叛军的支援。

一切准备就绪后，拿破仑便在要塞的北面，集中了大量的火炮。这时，要塞里的叛军也注意到了，他们一边迅速加强防守，一边联络海上的英国军舰。

战斗开始了，土伦要塞被拿破仑强大的火力攻击着。英国战舰立刻向这边赶来援救。他们丝毫没把拿破仑放在眼里。在他们的心目中，军舰是活的，火炮是死的，拿破仑只有干瞪眼的份儿。

离海岸越来越近了，突然，不知从哪儿飞来一阵炮弹，拦住了军舰的去路。军舰上的指挥官忙用望远镜到处搜索，没发现海滩上有拿破仑的炮兵阵地，纳闷极了。

就在这时，海边一座小岛的后面，突然驶出了一队大船，船头的甲板上安装着大炮。英国军舰的指挥官暗暗心惊，只好暂时放弃支援土伦的计划，调转船头来与这些"冒牌"的海军较量。

几个回合下来，英国军舰的指挥官不由暗自叫苦。那些破烂的木船虽不起眼，可他们根本不按正常海战的规律行事，而且船身小，炮弹根本击不中它们，你还没有靠上去，它已躲到港湾里了，等你继续前进时，它们又冷不丁冒出来，一阵炮击，让你进退两难。

土伦要塞的叛军早已支撑不住，要塞被炮火轰塌后，只得乖乖地举手投降。

海面上的战斗还在进行着。英国军舰被拿破仑的土军舰打得狼狈不堪，最后，只得调转船头，仓皇逃跑，再也顾不上什么土伦要塞了。

就这样，拿破仑以他独创的战术，攻克了土伦。他由此晋升为准将，并担任了炮兵旅旅长。

·燃起篝火战敌军·

1812年，法国皇帝拿破仑率领着数十万大军，开始攻打俄罗斯。到冬季来临前，整个俄罗斯平原地区都已落入了法国侵略者的手中。

俄国统帅库图佐夫一边顽强地与敌人作战，一边暗下决心，发誓一定要在冰天雪地的冬季，把侵略者困死在俄罗斯大地上。他知道，拿破仑的军队攻打俄罗斯时，只带着简单的行装，他们一定受不了俄罗斯凛冽寒冬的折磨。

库图佐夫下令，每到一处，就把所有的物资全都带走，哪怕是一块破布头、一点面包渣都不能落在法军手中，必要时，甚至可以放火烧毁乡村城镇。

等第一场大雪降临时，库图佐夫的策略有了效果，法军的供应出现了困难。

拿破仑知道，当前的形势对自己非常不利，但看到节节败退的俄军，他又实在舍不得撤离。最后他决定，加快对俄军的进攻，从他们的手中抢回自己冬天所需的物资。

几天后，他终于把库图佐夫的部队赶到了莫斯科西南100千米的马洛雅罗拉维茨城郊。

面对来势汹汹的法军，库图佐夫忙下令加快修筑工事，一边等待援军，一边再寻找进攻的战机。

俄罗斯夜晚的天气冷极了，马洛雅罗拉维茨城郊到处都点起了篝火，士兵们都依偎在火堆旁取暖，而拿破仑和库图佐夫，都在窥视对方，因为这火堆的多少，可以反映出对方兵力的强弱。

刺骨的寒风吹着库图佐夫的脸，他看见敌人的火堆连成一片，兵力是自己的几倍，不禁忧心忡忡。他想，如果敌人因寒冷而安全撤离，那明年他们一定还会卷土重来，所以必须彻底击败他们，才能保住自己的家园。

想到这里，他心里不禁又盼望起援军来。

忽然，库图佐夫心中一动：我可以增加篝火，去骗拿破仑呀！让他以为是我的援军到了，不敢轻举妄动，这样我就可以为等待援军再争取几天时间！

主意一定，库图佐夫立即命令士兵们到森林里砍伐树木，让每个小队多点几堆篝火。没多久，俄军的篝火成倍地增加，把雪地照得格外明亮。

俄军的变化早已惊动了拿破仑，他观看了一阵，心里纳闷起来：难道俄军的援军到了？没想到他们的援军力量这么大！他不免胆怯，打算立即撤离。

这时的库图佐夫已看透了拿破仑的心思，他知道，这是一个千载难逢的好机会。他毫不犹豫，立刻下令进攻。

在寒风中冻得发抖的法军，听到漫山遍野俄军的呐喊，吓得屁滚尿流，纷纷夺路而逃。俄军士气倍增，奋勇追击，狠狠地出了口心中的恶气。

拿破仑带着他的部队仓皇逃出了俄国，这时，他身边只剩下几十人了。

·蜘蛛助战·

拿破仑手下有一位陆军元帅，叫夏尔·皮舍格柳，他曾为法兰西帝国立下显赫的战功。

这年冬天，拿破仑打算攻占荷兰，他命令皮舍格柳带领军队，越过瓦尔河，先攻下乌得勒支这个军事重镇，这样的话，再进攻荷兰，就如探囊取物一样容易了。

皮舍格柳立即调动人马，杀气腾腾地向乌得勒支出发了。一路上，将士们心情十分放松，谁也没把这个弹丸之地放在眼里，都认为是稳操胜券了。

离乌得勒支不远了，忽然侦察兵前来报告，说荷兰军队已决心破釜沉舟，要把国内所有的河闸全都打开，用洪水淹没乌得勒支小镇，来阻挡法军的进攻。

皮合格柳元帅听到这消息，心中不由一愣。他没想列，荷兰人会使这一招。荷兰人自古便与水打交道，所以海军比较强大，如果他们真的放水淹了乌得勒支，还真拿他们没办法。

皮舍格柳不由长长叹了口气，还没开战，就要遭遇洪水的袭击，假如荷兰军队再乘机进攻，那后果就不堪设想了。他立即传令下去，后队变为前队，调转方向，马上撤退。

部队刚撤出两三公里，皮舍格柳突然跃下了马背，大步走进路旁的灌木丛，然后用马鞭拨开树丛，仔细地观察起来。他一会看看这儿，一会看看那儿，一连观察了好几个地方，又开始下了第二道军令：停止后撤，辎重和伙夫先找较高的地形屯扎，埋锅造饭，步兵原地列队操练。

这下士兵们又想不通了，今儿元帅怎么这样出尔反尔呢？这种情况从没在他身上发生过，难道刚才侦察兵的情报有误？士兵们纷纷抱怨起来，可元帅既然已经下了命令，谁又能反对呢？众人只好列队操练起来。

直到第二天，皮舍格柳才来到了队伍的前面，他顶着寒风，大声地对士兵们说："法兰西的勇士们，我们进攻的时候到了，请大家相信，荷兰人的大水阻挡不了我们，更淹不死我们！前进吧，勇士们！"

皮舍格柳的一番话令士兵们精神抖擞，他们挺起胸膛又向前迈进。一路上，士兵们发现，路边田野里的水都结成了冰，就连瓦尔河的河面上也结起了厚厚的一层冰，众人这才恍然大悟，为什么荷兰人的水库到现在还放不出来水，原来全都冻住了。

法军势如破竹，乌得勒支很快便被皮舍格柳攻破了，守城的荷兰人只得乖乖地投降。

拿破仑得知破城的消息，亲自赶来为皮舍格柳庆功。他也觉得奇怪，皮舍格柳为什么在撤离后的第二天又发动进攻呢？他是怎么知道荷兰人水库中的水都被冻住了呢？

皮舍格柳微微一笑，慢慢说道："后撤时，我发现路旁灌木丛里的蜘蛛都在忙着结网，就知道寒流肯定要来了，所以我就让队伍操练一天。一夜下来，荷兰人水库里的水不冻住才怪！"停了一会儿，他又接着说："寒流来时，蜘蛛结网的事，我从小就知道。"

·智夺战舰·

19世纪初期，西班牙皇家海军曾经是南美洲最强大的海上军事力量，他们在秘鲁的利马的军港卡亚俄驻有几十艘威力强大的战舰。要想在海上跟西班牙人较量，可不是件容易的事。

1820年，指挥智利独立战争的圣马丁，却把目标指向利马，他发誓，非要狠狠打击一下不可一世的西班牙海军不可。8月18日，他命令自己的海军元帅托马斯·科克伦从圣地亚哥沿海的瓦尔帕来索开始北伐。

经过一番艰辛的航行，科克伦终于在两个月后，率领舰队把卡亚俄要塞紧紧包围了起来。他们一次又一次向要塞发动进攻，但每次都被西班牙人击退，伤亡非常惨重。

西班牙人在海港的入口处停有一艘叫"埃斯梅拉尔达号"的快速战舰。这艘战舰行动迅速，火力威猛，铁甲坚固，它一发现海面上有动静，就会立刻冲出海港，舰上的40门火炮对准目标同时开火。看来，要打败西班牙舰队，首先要解决这艘"埃斯梅拉尔达号"。于是，科克伦命令舰队在原地待命，伺机再跟敌人作战。

一个星期后，一个偶然的机会，科克伦打探到一条消息："埃斯梅拉尔达号"最近要回港补充弹药，而且会停靠在港口的码头上。科克伦不禁一阵惊喜，这可是一个好机会，因为这个时候，船上的官兵一定会放松警惕。想到这里，他决定当晚就行动。

夜深了，卡亚俄港湾漆黑一片，四周静悄悄的，别说战舰，连个人影都没有。看来，西班牙人都随"埃斯梅拉尔达号"回港上岸了。

几条小船从海港外悄悄地驶了进来。船上的人一声不吭，拼命划桨，直向码头靠去。科克伦元帅就在这其中的一条船上。他用手语指挥着士兵，尽量把船靠近码头边的"埃斯梅拉尔达号"。

几分钟后，一条条小船接近了目标，科克伦一挥手，小船上的200名士兵立即分成几小队，手脚并用，飞快地爬上"埃斯梅拉尔达号"。一上甲板，众人立刻按照事前安排，迅速占领了船上的各个要害部位，并毫无声息地干掉了船上的哨兵和留守人员。

突然，"埃斯梅拉尔达号"拉响了汽笛，接着蒸汽机也发动了起来。站在海岸上的士兵们都觉得纳闷，没接到命令说今晚"埃斯梅拉尔达号"有任务啊。他们觉得有情况，忙跑向"埃斯梅拉尔达号"，并大声喊道："喂，上面什么人？"船上的人正忙得不亦乐乎，哪有工夫睬他们，只听"嘣"的一声，岸边拴船的粗缆绳被挣断了，"埃斯梅拉尔达号"飞快地驶出了海港，只在原来停泊的地方，留下几条摇晃不停的小船。

是科克伦劫走了"埃斯梅拉尔达号"！西班牙人连忙调集了十几艘军舰，向"埃斯梅拉尔达号"冲去。可还没出港口，就被远处的炮火打得晕头转向，哪里还敢再追，只能眼睁睁地看着"埃斯梅拉尔达号"慢慢消失。

这时，西班牙人都慌成一团。他们知道，一到天亮，科克伦就会率领部队及"埃斯梅拉尔达号"杀过来，那时候，恐怕连撤退都来不及。于是，西班牙军队慌慌张张放弃了卡亚俄要塞。

从那以后，西班牙人在太平洋东岸的统治地位就结束了，他们的殖民统治的末日也终于来临了。

·玻利瓦尔的心理战·

1811年，委内瑞拉人民宣布独立，成立了第一共和国，摆脱了长达300年的西班牙人的统治。

但好日子只过了一年，西班牙统治者又卷土重来，推翻了委内瑞拉第一共和国。可这一切并没能阻止爱国者的斗争。1813年1月，刚刚建立的委内瑞拉第二共和国军队，在西蒙·玻利瓦尔元帅的带领下，同侵略者们进行了顽强的斗争。

西班牙人派了一支队伍，由科雷阿将军率领，驻扎在安第斯山在委内瑞拉境内一段的西侧。他们准备在这里以逸待劳，堵住玻利瓦尔前进的道路。

玻利瓦尔的军队只有400多名战士，而科雷阿却有1000多人，玻利瓦尔要想强行突破西班牙人的防线，无疑是死路一条。他苦思冥想，终于想出了一条歼敌的妙计。

这天，玻利瓦尔的军营中突然飞奔出五名骑兵，他们快马加鞭，擦过科雷阿的营地，向南方飞驰而去，等一过敌营，五名骑兵便分开了，每人都沿着小路狂奔，好像惟恐落后，会被西班牙人发现似的。

这一异常的举动，早被居高临下的科雷阿看在眼里。他立即命令士兵快去追赶，看看他们到底在搞什么鬼。

没多大工夫，科雷阿的军营里便冲出了十几匹快马，风驰电掣，向玻利瓦尔的骑兵分头追去。

西班牙人仗着自己的马快，终于拦截住了两个玻利瓦尔的骑兵，他们将两人五花大绑，押回了营地。

面对得意洋洋的科雷阿，两个骑兵紧闭双目，一言不发，摆出一副任由他宰割的样子。科雷阿手一挥，马上有人将两个骑兵从里到外搜了个遍，果然不出科雷阿所料，两人身上各搜出了一封一模一样的信件来。

科雷阿展开信件，发现这信是玻利瓦尔写给援军的求救信，信里约定在10天后，联合进攻科雷阿的部队，要求他们同自己前后夹击，并特别标明"千万不能让科雷阿逃脱"的字样。

科雷阿不禁暗暗心惊，冷汗顺着后脊梁直淌。他想，如果真如玻利瓦尔所说，那自己岂不成了瓮中之鳖？到时非得全军覆没不可，不行，得赶快把那三个逃走的骑兵抓回来，不然，等他们把信送到，自己可就完蛋了。

想到这儿，他急忙下令，全力拦截那三个骑兵，然而，那三个骑兵就像在人间蒸发了一样，再也没了一点消息。

这下可把科雷阿急得寝食不安。与此同时，科雷阿的侦察兵也不停地向他汇报着，一会说玻利瓦尔正带着士兵，夜以继日地赶挖战壕。一会又说，玻利瓦尔又开始招募新兵，部队正频繁调动，准备向山下逼近……

眼看玻利瓦尔预定进攻的时间就要到了，科雷阿实在忍受不了这种精神压力，命令撤出了安第斯山。

其实，愚蠢的科雷阿根本没想到，玻利瓦尔压根儿就没找任何援军，五位信使里的三位，在山下绕了一圈，早就跑回了营地，而被他逮到的两个信使，是玻利瓦尔故意设的圈套。

就这样，略施小计的玻利瓦尔，没费一枪一弹，便占领了安第斯山。

·库图佐夫计围敌军·

1811年，俄国和土耳其发生了战争，俄国的多瑙河集团军总司令库图佐夫在鲁什丘克地区将土耳其军队打得大败。土耳其军逃到远离鲁什丘克的地方掘壕备战，以与俄军对峙。

俄军将士们意欲乘胜追击，而库图佐夫心里却自有打算：如今双方兵力相差不多，若是硬攻，恐怕要吃大亏，不如先派部分军队佯攻，看看土耳其军队的防守到底如何，然后再作决定。

主意一定，库图佐夫立刻派了一个骑兵团和一个步兵团在半夜前去偷袭土耳其军队。

一切果真如库图佐夫所料，土耳其军队防守得非常严密，他派出的军队受到了重创，这下，库图佐夫和部下们认识到了未来战斗的艰巨性。

一连几个晚上，库图佐夫都没睡好，他脑海里一直都在思考着如何才能引诱敌人主动出击，他思来想去，终于找到了一个好办法。

这天，库图佐夫命令士兵们把鲁什丘克的工事全部炸毁，然后带着所有军队渡过多瑙河，向北撤退。

土耳其军队以为，俄军是拿他们坚固的堡垒没办法，不得不撤离的。

土耳其军队的指挥官立刻派人向国王报捷：俄军已被击溃，库图佐夫已率兵逃走了。

听到这个消息，土耳其举国欢腾，国王重赏了土耳其军的指挥官。这时的土耳其军的指挥官已飘飘然了，他主动向国王请战，表示愿意再率部队，追剿俄军，活捉库图佐夫。

土耳其国王大喜，命他即日出征。

土耳其军队出征的消息传到了库图佐夫的耳朵里，这时他的脸上绽出了笑容。他随即通知全军：按兵不动，谁也不要主动出击。

见俄军没有动静，土耳其军队更加嚣张了。他们毫无顾忌地向多瑙河以北挺进，一路上所向披靡，转眼就渡过了多瑙河。

时机成熟，库图佐夫命令一位将军带领30000人马，向多瑙河上游进军，并要在土耳其军队不易侦察到的地方悄悄渡河，然后在一个月黑风高的夜晚突袭土耳其军队的大本营，事成之后，放三颗信号弹为信号。

三天后的一个深夜，南岸的土耳其士兵睡得正香时，突然四处火光冲天，呐喊声起伏不断。一队俄军从天而降，将土耳其军队杀得人仰马翻。

此时，库图佐夫早已带着三队人马，分三路包围了土耳其军队。他在焦急地等待着突袭部队的信号，好来个瓮中捉鳖。

突然，多瑙河南岸"咚咚咚"升起了三颗信号弹，库图佐夫一挥手，大喊一声："杀！"刹那间，等待已久的俄军们发起了总攻。

土耳其士兵被这数以万计的俄军一下吓慌了，哪里还有斗志，四下没命地逃窜，这时他们才恍然大悟，自己已中了库图佐夫的计了。

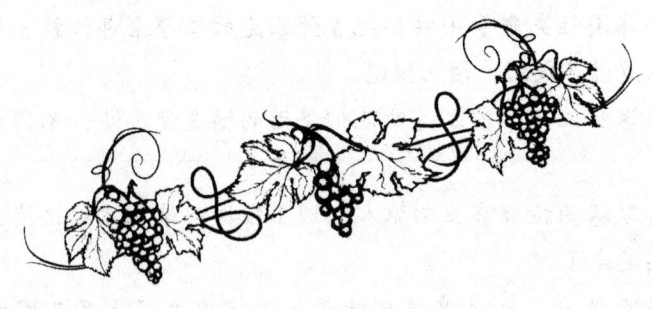

·宴席上的战斗·

1835年以后，在欧洲侵略军支持下的南非白人后裔布尔人，开始了他们的扩张侵略，目的是把南非建成一个白人统治的国家。

就在这个时候，一个强大的祖鲁人部落联盟成立了，他们在自己最高军事首领利马的带领下，同侵略者布尔人进行着不屈不挠的斗争。

面对迅速强大的利马部队，布尔人的总统雷提夫一时倒没了办法，但这阻挡不了他的野心。他苦苦思索了几天，决定亲自上门，去同利马讨论纳塔尔地区版图的问题，想强逼利马就范。

这天一大早，雷提夫亲自率领71名骑兵和30名步兵，突然来到利马的营地，他怀里装着祖鲁人割让纳塔尔地区的文件，准备强逼利马在上面签字。

看着雷提夫趾高气扬的样子，利马不由自主地握紧了拳头，真想一拳揍扁他。但是，他现在还没有把握一举歼灭雷提夫这支咄咄逼人的队伍，利马只能强咽下怒火，假装与雷提夫展开会谈，其实，他一直在暗中寻找消灭雷提夫的队伍的机会。

经过两天的谈判，雷提夫如愿以偿，利马在割让土地的文件上签了字，其实，这只是利马的一步棋。

雷提夫失去了警惕，没有回绝利马的盛情邀请，答应再多留一天。

第二天一早，利马安排了许多部落战士，在首府广场上敲响了手鼓，跟着，又有许多穿着盛装的部落战上跳起了欢快的舞蹈。

雷提夫看得兴致勃勃。一队队右手握长矛，左手持盾牌的战士，扭动腰肢，踩着双脚，不时发出一声声粗犷的喊声，整个广场顿时沸腾起来。就连雷提夫身后的卫兵们也不由自主地跟着手舞足蹈。

就在这时候，利马突然跳进广场中央，他一把抢过鼓手手上的鼓槌，急速地敲打起鼓来，嘴里不时地发出一阵阵巨大的吼声。

正在广场起舞的部落士兵们知道，利马的鼓点是信号，而他的吼声就是命令，于是呼啦一下变了阵形，齐声怒吼起来，直奔坐在台上的雷提夫。

雷提夫被这突如其来的变化吓呆了，他刚想叫身后的卫兵保护他。可一眨眼间，一支支长矛已抵住了他的胸膛。雷提夫已没了先前嚣张的气焰，他哆哆嗦嗦地斜眼看看身后的卫兵们，见他们都被缴了械，成了俘虏，哪还能保护得了他？

这时，利马走了上来，一把从雷提夫怀里取出文件，看了看，然后三下五除二把它撕得粉碎，将纸屑全部掷在了雷提夫的脸上，接着大声向全场战士宣布道："我们祖鲁人的国土，决不允许任何人侵犯，谁要是敢来，我们就用他的血来祭奠我们神圣的领土！"

广场上的战鼓又激昂地敲响了，所有的人都热血沸腾，只有发抖的雷提夫浑身冰凉，他知道，今天就是自己的末日了。

十天后，利马带着战士们出征了，向布尔人发起猛烈的进攻，解放了数以万计的黑人奴隶。

·向巴勒莫城进攻·

1860年，意大利爆发了反对波旁王朝统治的农民起义。起义的烈火在全国迅速蔓延。

意大利统一运动的领导人加里波第将军率领他的"意大利军团"，迅速开赴西西里前线，他的部队都是清一色的阔边帽、红衬衫，人称"红衫军"。

加里波第的"红衫军"果然英勇无比，将敌人打得节节败退，眼看就逼近了西西里的首府巴勒莫。

这时，一座高山挡住了加里波第的去路。这山陡峭无比，还驻守着重兵。有人劝加里波第绕过这座山。

加里波第不同意达么做。因为如果这时回头，敌人一定会尾随追击，那将是凶多吉少。所以，加里波第认为，只有对山上发起强攻，才有可能取得胜利。

进攻前，加里波第把"红衫军"召集到一起，大声地说："战士们，我们已经没有退路了，我已经听见山那边巴勒莫城的人民的呼喊了，让我们握紧武器，去统一祖国吧！"

战士们一个个热血沸腾，他们齐声呐喊着："冲锋！冲锋！"

加里波第一声令下，"红衫军"的战士们奋不顾身地向山上冲去，一时间，战士们的呐喊声几乎盖住了敌人的枪炮声。

看着不要命的"红衫军"士兵，波旁王朝的士兵手都哆嗦了。他们从没见过这种打法，更没见过如此不怕死的人。

就这样，加里波第带着他的"红衫军"攻上了山头。他们以迅雷不及掩耳之势，来到了巴勒莫的郊外。

巴勒莫城里驻有两万多敌人，并且在海港内还有舰队支援。加里波第认为，要想不受敌人的海陆夹攻，只有把敌人的主力部队吸引到别处。

加里波第经过一番周密考察，命令"红衫军"先在巴勒莫城西南方发动佯攻，让敌人以为这里就是"红衫军"的主攻方向。

敌人果然上当了，他们将大批兵力调集到西南方，疯狂地向"红衫军"进攻。佯攻的"红衫军"们边打边退，慢慢地把敌人的主力诱出了巴勒莫城。

这时，加里波第带着主力部队，翻山越岭，神不知鬼不觉地来到了巴勒莫城的东南边，黎明时，向巴勒莫城发起了总攻，很快就攻进了城。

"红衫军"胜利了，巴勒莫城里到处张灯结彩，庆祝他们的到来。一个月后，加里波第又率着"红衫军"夺下了敌人在西西里岛的最后一个据点墨西拿。这时，西西里岛才真正属于意大利。

·领着敌人进圈套·

1895年，意大利派出了以巴拉蒂里为统帅的远征军，侵入了埃塞俄比亚，企图把它变为意大利的殖民地。

忍无可忍的埃塞俄比亚皇帝孟尼利克一边发布反对意大利入侵的宣言，一边开始进行周密的军事准备。

1896年2月，孟尼利克派出了一支队伍先从首都出发，假装去攻打意大利军队占领的厄立特里亚港口米萨瓦，而自己却带着主力埋伏在阿杜瓦，等待必经此地的巴拉蒂里的侵略军。

巴拉蒂里还真以为孟尼利克想攻占米萨瓦港口，切断自己的退路，他立即率兵赶往阿杜瓦，想拦截住孟尼利克的埃塞俄比亚军队。

就在意大利人赶往阿杜瓦的行军途中，巴拉蒂里收到一个好消息，说埃塞俄比亚军人要过圣母节，都跑到古城阿克苏姆朝圣去了，阿杜瓦军营里的兵力严重不足。

这个消息让巴拉蒂里为之一振，他认为这是一个绝佳的进攻机会。于是立刻把部队分成三组，让前两组先去攻打阿杜瓦。

其实，这一切都是孟尼利克安排好的。他的目的就是要让巴拉蒂里把军队化整为零，这样他就能更好地袭击敌人。想着巴拉蒂里正一步步钻进自己的圈套，孟尼利克的脸上不禁绽出了笑容。

几天后的一个夜晚，阿杜瓦地区突然暴雨倾盆。这时，有侦察兵跑来向孟尼利克报告，说巴拉蒂里的两支先头部队因为大雨而迷了路。孟尼利克不禁仰天大笑，看来连老天爷都要帮助自己了。他马上找来一个机灵的士兵，在他的耳边悄声说了一番。那士兵听着听着，不禁脸上也露出了笑容。

　　再说巴拉蒂里那两支迷路的先头部队正在暴雨中深一脚、浅一脚地乱窜，突然，一个当地的农民出现在他们的眼前。正在互相埋怨的意大利军人一见到他，好像看到救星一样，他们忙拉住那农民，要他在前面带路。

　　这农民正是孟尼利克派来的。在他的带领下，这支意大利军队毫无防备地走进了孟尼利克的包围圈。

　　雨渐渐停了，天也大亮了，已走进一条险恶峡谷的意大利军人开始觉得有点不大对劲，他们刚想喊住前面的向导，谁知他一转身，竟消失在丛林里。意大利军人这才知道自己中计了。

　　只听孟尼利克一声令下，顿时，一阵猛烈的炮火铺天盖地倾泻下来，两个小时后，峡谷中的意大利军已死伤大半。

　　就在峡谷枪声响起的同时，孟尼利克又派了一支主力军团，直奔只剩为数不多兵力的巴拉蒂里驻扎的营地。巴拉蒂里趁混乱之际，一头扎进身边的草丛里，才捡回了一条性命。这次战役，巴拉蒂里率领的25000名士兵，有5000人战死，约20000人成了俘虏。

·蒙巴顿等待救援·

1900年6月25日，路易斯·蒙巴顿出生于英格兰温莎的一个英国王族家庭里。后来成为全世界著名的政治家和军事家。

1939年，蒙巴顿受命指挥新型驱逐舰"凯利号"，并出任英国第五驱逐舰队司令。

蒙巴顿一到"凯利号"上，就开始做舰艇的补给工作。这是件让人头痛又繁琐的事情，他仅用了三天，就全部做完，让所有人都对这个刚刚上任的司令刮目相看。

这天一大早，战士们都迎着朝霞，站在他的面前。蒙巴顿用锐利的目光扫视了众人一圈，一字一句地说："我认为，如果一条船不能使人幸福，它就不会有高的效率。同样，如果你不能使它做到高效率，你也就不会有一条使人幸福的船。我将以这种方式来开始我的任职，并以这种方式进行下去。"

蒙巴顿的话音一落，甲板上便响起了一片热烈的掌声。战士们都被他的一番话激动得热血沸腾。

几天后，"凯利号"出发了。它在蒙巴顿的指挥下，接连击沉德军的军舰和潜艇，一时间，只要蒙巴顿指挥的"凯利号"出现在海面上，德军舰艇便会闻风而逃。

这天，蒙巴顿又接到上级的命令，让他指挥"凯利号"去荷兰沿海一带搜寻德军的布雷艇。"凯利号"在胜利完成任务回来的途中，被一艘德国潜艇击中，舰上的27名水兵当场被炸死，还有很多人受了伤。那艘德国潜艇也被"凯利号"击中，带着创伤，潜入水中，逃回去了。

舰艇受到重创，设备都遭到不同程度的损坏，现在舰上已没有任何动力，无法再前进一步。

这个消息让蒙巴顿暗暗心惊，他将剩下的船员叫来，并把眼前的情况向他们说明，与水兵们一起商量对策。

等大家七嘴八舌说得差不多了，蒙巴顿才说："不要紧张，目前至少还有两件值得大家高兴的事，一是我们都还活着；二是舰上的补给工作做得非常优秀，所以淡水和食物还够我们在这里待上一段时间。"

听了这话，水兵们又开始议论起来。有的说："这段时间我们干什么？"有的说："赶快维修，别再浪费时间了！"

蒙巴顿等大家说完，才说道："这段时间，我们有两件事可做，一是等死，二是等候救援。"

几天后，军队看到蒙巴顿和"凯利号"一直没回来，知道出事了，忙派另一艘驱逐舰"坎大哈号"去寻找。"坎大哈号"进入蒙巴顿出事的海域，试探着发出信号："舰上还有人活着吗？"

两分钟后，"坎大哈号"的无线电中响起了蒙巴顿得意的声音："活着，'凯利号'暂时还不会让别人指挥呢！"

经过91个小时的努力，"凯利号"终于被拖回了目的地，舰上的船员简直不敢相信自己还能活着回来，他们都说："是蒙巴顿将军的勇敢救了大家。"

·与潜艇斗智·

　　第一次世界大战初期，英国皇家海军将领坎贝尔曾指挥假扮商船的军舰先后击沉四艘不可一世的德国潜艇。可他并不满足，还准备在他的军事生涯中再添上精彩的几笔。不过，令他料想不到的是，在又一次和一艘德国潜艇斗智斗勇时，他差点全军覆没。

　　那天，坎贝尔指挥着他的"邓雷文号"猎潜舰，像往常一样，在大海上到处搜寻着德国潜艇的踪迹。果然，没过多久，一艘德国潜艇出现在他的视线中，他急忙命令"邓雷文号"装成若无其事的样子，照常向前航行。德国潜艇很快下潜到水下，从海面上消失了，坎贝尔知道，现在它正向自己靠近。

　　然而，坎贝尔这次遇上的对手可不一般，那艘潜艇的艇长名叫萨尔兹，他有着丰富的海战经验。此时，他正通过潜望镜，仔细地观察着"邓雷文号"。因为他早就听说，有一艘英国军舰，专门在海上假扮商船，曾几次击沉过德国潜艇。为了探个虚实，萨尔兹决定再浮出海面。

　　坎贝尔见潜艇再次出现，立即命令道："船尾炮开始射击！一定不要打准。"当时的商船几乎都配备火炮自卫，但船员一般没经过什么正规训练，坎贝尔让船员胡乱开炮，就是要制造假象，好不让潜艇怀疑自己的身份。

　　"邓雷文号"乱打一通，似乎并没使潜艇消除疑虑，潜艇仍然在远处缓缓地跟着。坎贝尔又下令："减慢船速，同时施放浓烟，吸引潜艇靠近。"话音刚落，大团大团的黑烟从烟囱里冒了出来，好像船正在开足马力逃跑。

这时，德军潜艇上当了，他们开始向"邓雷文号"发射炮弹，只听"轰"的一声巨响，炮弹击中了"邓雷文号"的尾部甲板，顿时熊熊大火在船尾蔓延开了。看着大火越烧越旺，坎贝尔不禁暗暗焦急，因为在起火的地方放置着深水炸弹。

潜艇上的萨尔兹也在密切地注视着"邓雷文号"。等了好一会儿，他见对方一点动静都没有，也就放下心来，决定驶到跟前把它击沉。

就在潜艇向"邓雷文号"靠近的时候，"邓雷文号"的船尾突然发出一声惊天动地的巨响，整个船体剧烈抖动起来。坎贝尔暗叫一声"不好"，他知道，这是深水炸弹被引爆了。"邓雷文号"已没法再伪装下去了，他立刻对船员发出射击的命令，刹那间，船上所有的大炮一起对准了潜艇驶来的方向，炮弹像下雨一般倾泻而去。等打了半天，船上人才发现，那艘潜艇早没了影子。

原来，老奸巨猾的萨尔兹一听到那船尾的剧烈爆炸声，就知道其中有诈，因为普通商船不会携带威力如此强大的炮弹，所以他断定这是英国的猎潜舰。于是他当即命令潜艇潜入水中，绕到"邓雷文号"的另一边，射出了一枚鱼雷。

坎贝尔眼睁睁地看着破浪前进的鱼雷向自己逼来，一点办法也没有，只听"轰"的一声，鱼雷击中了锅炉舱，大量的海水从炸开的洞口汹涌而入，船尾开始徐徐下沉。

"邓雷文号"已经没法抢救了，坎贝尔只好发出求援信号。正巧一艘美国军舰路过这里，不久，又有两艘英国军舰接到信号赶了过来，他们齐心协力，赶走了潜艇，把坎贝尔和他的船员从即将下沉的"邓雷文号"上救了出来。

当汹涌的海浪吞没了"邓雷文号"时，坎贝尔的眼圈红了，他决定一上岸就引咎辞职。

·与要塞同在·

1914年8月，第一次世界大战拉开了序幕，德军准备从比利时向法国发动进攻。

8月4日清晨，德军司令埃米希将军率领第一、第二集团军向比利时的列日要塞逼近。他知道，这个列日要塞，就是通往法国道路上的绊脚石，今天，他要一脚踢开它。

夺下列日要塞可不是那么容易，比利时的勒芒将军早就做好了恶战的准备，他告诉将士们，除非自己被德国人打死，不然哪怕他只剩一口气，也不会让德国人轻易地通过要塞。

随着埃米希的一声令下，德军的大炮向比利时军队轰击起来，可轰了半天，比利时军队并未还击。

列日要塞怎么不还击呢？埃米希想探个究竟，摆了摆手，示意炮手们停止开火。谁知就在这个时候，列日要塞沉寂的炮台突然伸出了几百个黝黑的炮口，它们对准德军怒吼起来。

德军的火炮又响了，勒芒将军忙命令自己的士兵停止开火，又将大炮全部拖进坚固的工事，不跟德军硬拼。

就这样，勒芒将军带着战士们，等德军打累了，就立刻到炮台发射炮弹；等德军再开火时，就再躲到工事里。这便是他在战前安排的你打我停，你停我打的战术。

埃米希气坏了，脸一阵白一阵青，可又拿勒芒没办法。一时间，战斗陷入了僵局。

想了一个晚上，埃米希决定派飞机对炮台进行轰炸。由于当时的飞机性能较差，飞机轰炸了一整天，并没有取得明显的战果。

不能因为勒芒而影响整个战役的进程，埃米希又决定让步兵在炮火的掩护下，向炮台冲锋。可还没等德军冲到一半，每个炮台上又至少架起了三四百件轻重武器，把冲锋的德军打得尸横遍野。勒芒的炮台岿然不动。

面对自己巨大的伤亡，埃米希不顾一切向勒芒的炮台发起一次又一次冲锋，在遭受重大伤亡后，才攻下了列日要塞。而比利时人民的英雄勒芒将军，却永远地安息在这块阵地上，他用自己的才智，使侵略者们第一次尝到了战争的苦头。

·舍尔的诡计·

德国公海舰队司令舍尔在军事战略上的成绩，颇为突出。

1916年5月30日，英国海军司令杰立克突然收到一份紧急报告，报告说，德国的"吕佐夫号"战舰频频发报，内容正在破译。

杰立克知道，这"吕佐夫号"是德国头号海军劲敌舍尔旗下的一艘战舰。既然它现在频频发报，看样子肯定要有所行动。

正想着，杰立克部下的一名参谋又送来了一份电报，上面写着："吕佐夫号"正和五艘巡洋舰沿着日德兰海岸航行，途中仍在不停发报。

杰立克心里不禁又琢磨开了：舍尔怎么只派这几艘战舰出来？太自信了，这次我要让他的"吕佐夫号"有去无回！

杰立克按捺着内心的激动，刚想命令自己的舰队全力出击，身边的一位参谋长提醒道："将军，还是先看看再说吧！这舍尔可是一只老狐狸呀，万一这是他故意设的圈套，那可就麻烦了。"

参谋长的这番话，让杰立克又迟疑了起来。他想了想，决定先不忙着行动，看看无线电还能再监听到什么情况。

半小时后，一份新电报又出来了。上面写道：舍尔的公海舰队指挥舰仍停留在军港中，未发现舰队主力出航的迹象。

杰立克这才长长吁了口气，一颗心也随后落了下来。参谋长还想再说什么，他一挥手，说道："都说舍尔用兵如神，我看他也有疏忽的地方，莫失良机，就先给他一个下马威！"

杰立克在调兵遣将的时候，也为了防备万一，先派了一支较弱的舰队去试探那几艘德国战舰，包括"吕佐夫号"。

没多一会儿，海面上就响起了炮火声。又过了一会儿，杰立克便收到消息，派出的舰队大获全胜，德国军舰正在慌忙逃窜。

杰立克立即率领主力舰队包抄过去，一定要让舍尔的"吕佐夫号"彻底消失在大海上。

得意忘形的杰立克哪里想到，舍尔正在"吕佐大号"身后80公里的地方注视着他的一举一动。在这之前，杰立克收到的所有情报，都是他一手策划的，包括"吕佐夫号"被打退。舍尔就是要等他自动钻进圈套，目的就是要彻底消灭英国海军的主力。

看着英军舰队越来越近了，舍尔一声令下，潜伏在周围海域的德军主力舰队，顿时全都冒了出来，把杰立克带出来的28艘战列舰、9艘巡洋舰牢牢包围了起来。

随着一阵猛烈的炮火，几艘英国军舰沉入了海底。杰立克急忙下令火速撤离，可哪里还能撤离呢？

战斗持续了整整一天，杰立克费尽了九牛二虎之力才得以突围，可等他回头清点自己的舰队时，才发现只剩下不到10艘军舰了。这一回，舍尔又赢了。

·崔可夫假投降·

苏联元帅瓦西里·伊万诺维奇·崔可夫生于1900年2月12日，在他的军旅生涯中，曾两次获得了苏联英雄的称号。

1920年，波兰的白匪军在协约国的支持下，向苏联发起了进攻。这时，年仅20岁的崔可夫因屡建奇功，已是苏联红军的第43步兵团的团长了，他率领着战士们，勇敢地同白匪军战斗，誓死保卫自己的祖国。

然而，在同年的8月15日，因红军的高层领导指挥失误，红军在波兰首都华沙城下失利，被俘70000多人，形势非常严峻。

就在这危急关头，崔可夫接到了苏俄政府下达的命令，让全军立即撤离华沙，由崔可夫的第43团来担任掩护。

红军的主力部队迅速从华沙撤离，崔可夫第二天才带着他的43团慢慢撤离，他们必须和大部队保持一定的距离，这样才能更好地阻挡身后的追兵。就这样，一路上他们停停打打，打打停停，不知不觉来到了一个叫乌多辛村的小镇。

为了探明虚实，崔可夫命令两个侦察员先进镇察看情况。几小时后，两个侦察员回来报告说，镇里驻扎着一队白匪军。

崔可夫一下陷入了沉思：前有强敌，后有追兵，如果硬闯，伤亡一定会很惨重，到底该怎么办好？崔可夫决定铤而走险，假扮投降的苏联红军，然后再见机行事。

崔可夫命令全团的战士同他保持500米的距离，自己则带着两名通信兵打着白旗向镇里走去。

镇里的白匪军老远就看到崔可夫和他的两个下手，连声大喊道：

"干什么的？"

面对着敌人一排黑洞洞的枪口，崔可夫不慌不忙地回答道："别开枪，我们是来投降的！"说着，还把手中的白旗晃了晃。

白匪军大声说："快把手里的武器扔掉。"

崔可夫向两名部下使了个眼色，三人都把枪扔在了地上。

这时，43团的战士们已在后面远远地跟来，刚放松警惕的白匪军，不禁又紧张起来，连声喝问崔可夫，身后是什么人。

崔可夫不急不慢地说："我是苏俄红军第43团团长，后面都是我的部下，也都是来投降的。"

白匪军不相信这个年轻人竟是红军的团长，他们将信将疑地问道："你怎么不命令他们快丢掉武器？"

崔可夫回头看看，笑着说道："为什么要把枪丢在烂泥里弄脏呢？让他们过来把枪放好，不是更好吗？"说完，他又回头看看，见自己的部队正慢慢展开战斗的队形，向这儿靠拢。

白匪军见后面的队伍离自己越来越近了，连声警告，说再不放下武器，他们就要开枪了。

崔可夫仍然是一脸笑容："你们看，他们的枪口都是朝下的，等再走近一点，我就让他们丢掉枪。"说话时，他不住地注意身后部队的距离，一直等他们离白匪军还有150米的距离时，他忽然一摘军帽，大喝一声："放下武器！"

红军战士们都知道，这是崔可夫事先商量好的信号，急忙端起枪向前方扫射，前面的崔可夫和两个战士早已伏在地上，没有防备的白匪军，顿时被打死几十个，剩下的四散奔逃。

就这样，勇敢机智的崔可夫，带领着他的43团，冲出了敌人的包围圈，回到了大部队。

·趟过湖去·

米哈依尔·瓦西里耶维奇·伏龙芝（1885—1925年），是原苏联红军的组织者和统帅之一。

1920年9月，列宁任命伏龙芝为南方面军总司令，令他率部同弗兰格尔的白匪军作战，要求他在冬季来临之前彻底消灭在乌克兰的敌人。

伏龙芝的部队浩浩荡荡来到了前线，弗兰格尔下令部队构筑防御工事，以抵挡红军的正面进攻。伏龙芝只派了一支骑兵团，佯攻弗兰格尔的正面，自己却率领主力部队，直奔他的后方。

弗兰格尔的部队被伏龙芝这一反常规的打法弄得乱了阵脚。他们在付出巨大代价后才得以突出重围。为了防止伏龙芝再次突袭，他们一起躲进了锡瓦什湖中一个叫立托夫的小岛上，想以锡瓦什湖的水面作为屏障，挡住伏龙芝的进攻。

这天，伏龙芝又来到了锡瓦什湖边，他望着远处的立托夫岛，不禁陷入了沉思。忽然，身旁不远的地方传来一阵"哗哗"的水声。只见两个当地的渔民正站在齐腰深的水里，弯腰在水底摸着鱼虾。其中一人说道："今天还不错，等过两天，一定比今天还棒。"另一人接着说："那还用说，等过几天水位一降，这里面的鱼虾更多哩！"

说者无意，听者有心。伏龙芝听到这里，心里不禁兴奋起来，他立刻向两位渔民请教，问这湖水水位怎么会下降。

两位渔民都认识伏龙芝，连忙回答道："秋天天气干燥，湖水的水位都会下降不少，再过几天，想趟到对面岛上都不成问题。"

伏龙芝听了，心中暗暗高兴。他一把拉住两人的手，激动地说：

"做我的向导吧，等水浅了，就带我上岛。"

以后的日子里，伏龙芝只要一有空，就跑到湖边，看湖水到底降了多少，那两个渔民总是劝他别着急，还没到时候。

一个星期后，两个向导告诉伏龙芝，现在是时候了。伏龙芝立即命令部队整装待发，还让十几门大炮跟在后面。就这样，他们在向导的带领下，悄悄来到了岛上。

岛上的弗兰格尔正和部下在呼呼大睡，伏龙芝没费什么力气，就将他们生擒活捉。

弗兰格尔直揉眼睛，以为自己还在做梦，他怎么也想不通，伏龙芝是怎么渡过锡瓦什湖的。

·"猎蛇计划"·

第一次世界大战打响了，德国人首次把潜水艇作为一种攻击型的武器投入公海，它简直成了海洋里的新霸主，让其他国家的大型船只无法抵挡。

但初期的潜水艇并不完善，它只能在行驶时潜入水里，打起仗来，还得浮出水面作战。

为了消灭德国人的潜水艇，英国皇家海军坎贝尔将军准备组织一次击沉潜水艇的战斗。他知道，要想击沉潜艇，就必须先将它诱出水面，然后再击沉它就比较容易。坎贝尔称这次作战计划为"猎蛇计划"。

打这以后，一连几个月，坎贝尔从早到晚都呆在海军造船厂。根据他的要求，造船厂为他造出了一艘奇妙的"海兽"。尽管它具备了军舰的一切功能，但从外表看去，还是艘普通的商船。

"海兽"下水了，坎贝尔带着士兵在近海试航了一个星期，觉得非常满意，便回到基地，补足弹药和生活用品，然后把船驶向了德军潜艇常出没的海域。

几天后，坎贝尔指挥的这艘"海兽"出现在运输线上，不久，站在桅杆高处观察海面的水手发出了信号：几海里外，发现了德军潜艇。

坎贝尔立刻下令水手们按计划各就各位，然后自己来到驾驶舱，举起望远镜，寻找德军潜艇的踪迹。

突然，在离船3000米的地方，升起了一个潜望镜，在海面划出一道浅浅的水纹，看来，德军的潜艇已做好了攻击的准备。

坎贝尔忙告诉大家不要慌，千万不能让他们发现破绽。果然，潜艇缓缓地浮出了海面，在离坎贝尔的"海兽"1000米的地方，发射出了第一轮炮弹。

潜艇渐渐靠近了"海兽"，不一会，潜艇的顶盖打开了，跟着钻出了几名军官，站在潜艇上，对着"海兽"指手画脚。他们都以为船上的人弃船逃跑了。

正当德国人洋洋得意时，坎贝尔一挥手，部下们立刻行动起来。只见"海兽"的舷板一下子放下了一半，伸出了一排专门用于短距离攻击的火炮，还没等德国人缓过神来，一排炮弹已飞向潜艇。

德国军官们吓得赶紧钻回潜艇，迅速关上顶盖，连声命令赶快下潜，可潜艇刚下潜十几米，就听前后接连传来两声剧烈的爆炸声，原来坎贝尔的动作更快，他已投下了两枚深水炸弹，并将潜艇的表面炸毁了。

德国潜艇的指挥官知道，此刻潜艇无法潜入水中，只能浮出水面拼个你死我活。可潜艇刚一浮出水面，一排炮弹又像长了眼睛似的击中它的腰部，这下潜艇彻底完蛋了，迅速地沉进了海底。

坎贝尔的"猎蛇计划"成功了，这一仗，打破了潜艇不可战胜的神话。从此，德军的潜艇再也不能为所欲为了。

·霍尔慧眼识阴谋·

第一次世界大战时期在英国海军情报处任职的霍尔曾破译过德军的《0075》密码电报，对改变第一次世界大战的进程做出了历史性的贡献，后被提升为上将。

1916年年底，西线战场上的战事如火如荼，协约国只是暂时遏止了德国人的攻势，要想尽快结束这场战争，必须美国参战相助。

德国人当然也知道这一点，于是他们准备在美洲制造混乱，只要美国的后院一起火，它就不会去顾及欧洲的战事了。

经过一番密谋后，德国人向墨西哥政府做出承诺：只要墨西哥向美国宣战，德国将支持它收回德克萨斯等3个州。

墨西哥得到德国的口头承诺后，仍然犹豫不决，不敢贸然向美国采取军事行动。德国人见墨西哥没动静，干脆分别发了两份电报给驻美国和驻墨西哥的大使，要他们从中煽动，挑拨美国和墨西哥的关系。

然而，电报发出不久，便被英国情报部门截获了，电报被送到了霍尔的手里。

霍尔拿着电报，心里不禁又喜又忧，他预感这份电报一定非同小可，但要想破译它，难度的确相当大。他立即找来所有的密码专家，开始对这份电报进行研究。

经过众人20多小时的努力，电文终于被破译出来，上面写道：柏林外交部，极机密。阁下本人参阅，收致2479的公使。拟于2月1日开始无限制的潜艇战，以迫使英国在几个月内求和。

电文是破译了，但里面提到的"收致2479的公使"是什么意思，仍

然不得而知。霍尔不由头直摇，看来整个电文的关键就是这句话。他暗暗发誓，一定要把它搞清楚，不然这截获的电文就失去它的情报价值了。

半个月后，德国果然发动了无限制潜艇战，德国潜艇在大西洋里神出鬼没，一下子就击沉了协约国的不少商船。这对大量物资依靠支援的英国来说，简直就是雪上加霜。

前线的情况越来越危急，霍尔已完全顾不上了，还一直在琢磨那份让人难解的电文。他曾想过，"2479"会不会是墨西哥，但是又找不到确凿的证据。

一天，霍尔正坐在办公室里苦思冥想，突然脑海中闪出一道亮光：假如"2479"真是指墨西哥，那么德国驻美国大使，一定会使用商业电缆，把这份情报发往墨西哥城，墨西哥城的邮电局里就肯定存有这份电报的副本。为什么不派人去把这个副本偷来呢？想到这儿，霍尔立刻派出间谍，潜入墨西哥。

间谍没费吹灰之力，便完成了霍尔安排的任务。等霍尔把那副本破译后，不由大吃一惊，原来德国驻墨西哥公使正在煽动墨西哥向美国发动战争。

霍尔迫不及待地将电文的内容告诉了美国总统威尔逊。威尔逊却对此反应冷淡，认为这肯定是英国人为了让美国参战耍出的新花招。

霍尔没想到威尔逊会不相信自己，他冷静地考虑一会儿，认为既然能在墨西哥找到电报的副本，在美国也一定会有。经过霍尔的提醒，美国的情报部门很快就在邮电局找到了副本，拿出来同墨西哥的电报一对照，证据确凿无疑，威尔逊再也无话好说了。

美国政府经过一番讨论，一致同意跟阴险的德国人开战。1917年4月2日，威尔逊正式向德宣战。

战争结束后，威尔逊总统致电霍尔，向他表示了感谢。最后说："如果不是你的话，战争可能还要再打10年或者20年。"霍尔的复电说："如果不是你，战争可能结束得更早！"

·香烟当炮弹·

1917年，英国政府任命阿伦比少将为司令，率领部队去西奈沙漠地区拦截土耳其的军队。

阿伦比带着部队刚到西奈，就同土耳其军队遭遇上了，双方立刻展开了激战，并各自命令士兵们以最快的速度挖掘战壕。双方势均力敌，都无法打退对方，最后只得纷纷跳进挖好的战壕里，进入了僵持阶段。

就这样，时间一天天过去了，双方除了每天对开几枪，或者用火炮乱轰一气，谁都没办法取胜。阿伦比心急如焚，认为不能这么无休止地拖延下去，他把所有的参谋都召集来，请他们一起出谋画策。

众人就当前的形势讨论起来。有人建议从后方再抽调一些部队，加强进攻；还有人建议派一支突击队，等天黑后再偷袭敌人……

阿伦比对此均予否定，接着他点燃一支香烟，大口地吸了起来。

静了一会儿，一个参谋小心翼翼地说："土耳其军队这次在沙漠作战，他们的物资供应肯定很困难，士兵的生活条件肯定也糟透了，我认为，既然现在没有什么必胜的好方法，不如就这样死死困住他们，总有一天会将他们拖垮的，到那时，咱们再出击，取胜易如反掌。"

阿伦比点点头，歪着脑袋想了想，说："目前也只有这样，就怕时间拖得太长，对咱们也不利。"说完，便散会了。

当天晚上，阿伦比去军营里巡视。士兵们边抽着香烟，边聊天，忽见将军来了，全都吓了一跳，急忙拧灭烟头，站起来。

阿伦比见满地都是烟头，士兵们又如此放松警惕，刚想发火，突然灵机一动，不禁大笑一声："有了！有办法了！"

回到指挥部，阿伦比立即命人发电报给总部，让他们以最快速度准备香烟，并一再叮嘱，香烟里一定要掺有大量的鸦片。

总部按他的要求，迅速生产出这批特制的香烟，用飞机运到了前线。

这天，防守在贝尔谢巴地区的土耳其士兵忽然听到头顶上传来刺耳的空袭警报，他们像往常一样，抱着枪，缩着头，躲进战壕里。可令他们奇怪的是，只听见飞机的轰鸣声，却听不见炸弹的轰炸声。

等飞机走后，土耳其的士兵们爬出战壕一看，阵地上到处都是盛满香烟的纸盒子。士兵们互相看看，有人开玩笑说："英国佬知道我们没烟吸了，怕我们打不好仗，特意送烟来了！"

还没等到上级指挥官来制止，那些烟瘾大发的土耳其士兵已迫不及待地冲上去，打开箱子，你一支我一支地抽起来。一个个吞云吐雾，快活似神仙。他们哪曾想到，这些烟里都藏着比枪炮还厉害的魔鬼。等这些土耳其士兵过足烟瘾后，都无精打采，昏昏欲睡，根本没有一点儿战斗力。

这时，阿伦比正举着望远镜，把这一切看得清清楚楚。他马上集结了12000多名士兵，向遭受过"香烟炮火"袭击的土耳其防线发动了猛烈进攻，结果，轻而易举地歼灭了敌人。

·毁城保密码·

温斯顿·丘吉尔（1875—1965年），出身于军人世家，年轻时参军，当过骑兵团的军官，担任过英国海军部部长，也曾两次担任过英国首相。特别是在第二次世界大战期间，他作为英国三军统帅，除了表现出卓越的政治才干之外，还表现出了杰出的军事才能，打败德国法西斯，他功不可没。

第二次世界大战之前，德国法西斯发明了一种叫做"英尼格玛"的密码机，它可以随意组合字母和改变加密程序的次数，经过加密的电码让人几乎无法破译，所以德国人骄傲地称之为"永远无法破译的密码机"。

在第二次世界大战爆发以后，"英尼格玛"果然起到了巨大的作用。虽然英国情报部门时刻都能收到德军的电报，却无法破译。而英国人的电报，却被德国人用"英尼格玛"破译得清清楚楚。

英国首相丘吉尔为此大伤脑筋。这"英尼格玛"搞得英国军方简直无密可保。丘吉尔下令，一定要想办法尽快解决这个难题。

在他的命令下，英国情报局千方百计从德国搞到了一台"英尼格玛"密码机，可等英国人兴奋过后才发现，这机器结构十分复杂，无法使用。

丘吉尔立刻组织了上万名专家，对"英尼格玛"进行了解剖，经过两个月的努力，试译了上千份德军的情报，终于成功地破译出德军第一份电报。

从那以后，德军的任何军事行动都被英国军方掌握。德军的伤亡一次比一次大。

这个现象引起了德国司令部的关注。他们隐约感到，英国情报部门可能破译了自己的密码，可是又不敢肯定，于是，他们决定组织一次对英国本土的轰炸，代号为"月光奏鸣曲"，看看英国人究竟有没有破译他们的密码。

德军的电报刚发出去，丘吉尔就知道了这个"月光奏鸣曲"计划。他立刻意识到，德国人已怀疑密码被破译。这使丘吉尔左右为难，如果派飞机去阻击德军机群，就等于告诉他们，英国已经破译了密码，从此就再也得不到准确的情报了。但是让德军把"月光奏鸣曲"计划执行成功的话，他们轰炸的目标城市考文垂就完了，那损失也太惨重了。

一连两天，这个问题让丘吉尔吃不下、睡不香，最后他一咬牙，决定不去拦截敌机，牺牲考文垂，保住"英尼格玛"的秘密。

第二天，德国飞机对考文垂连续轰炸了10个小时，把整个城市炸成一片废墟，炸得丘吉尔的心都在滴血。

德国人这才对"英尼格玛"不再怀疑，使用"英尼格玛"也更加放心了，而丘吉尔正慢慢等待机会，要给德军最沉重的打击。

没过多久，机会便来了。号称"沙漠之狐"的德国将军隆美尔在北非与蒙哥马利元帅交战，这场战役事关重大，丘吉尔立即下令，全面破译"英尼格玛"的情报。

就这样，隆美尔有一点动作，蒙哥马利立即就知道了。而有时希特勒刚把情报发给隆美尔，英军却已有针对性地预先作了准备。隆美尔感到自己就像一个没穿衣服的人，什么都被蒙哥马利看得一清二楚。他再也不敢用"英尼格玛"了，这才总算逃脱了全军覆没的命运。可是败局已定，短短的十几天内，他损失了60000士兵和500多辆坦克，而这个损失，全是"英尼格玛"造成的。

·石块砸飞机·

米切尔，是英国特种部队的一名中校，后来被提升为少将。

1940年2月的一天晚上，米切尔接到命令，让他率领一支队伍，潜入比利时奥斯坦德峡谷中的德军机场，要将这机场连同机场的飞机都炸掉。

米切尔带领队伍，神不知鬼不觉地来到了目的地。他们飞快地把定时炸弹安放好，就撤了出来。可是，他们安放的定时炸弹竟全是哑弹，一颗都没有爆炸。

米切尔同战友们坐在离机场不远的草地上，呆呆地望着机场，心中有说不出的懊丧。大家七嘴八舌埋怨着定时炸弹的质量，说，虽然任务没完成，但回去说明情况，上级一定会原谅的。

这时，一直沉默不语的米切尔说："我不能就这样回去，我们一定要想办法，炸掉这个飞机场！"

众人你看看我，我看看你，不知道米切尔还有什么办法炸掉机场，因为在撤离时，为了防止被德军发现，他们已把武器都扔进了大峡谷，现在真可以说是手无寸铁了。

这时，米切尔捡起地上的几颗鸡蛋大小的石块儿，在手中玩弄着，过了一会儿，他不由心中一亮，他看看身后的大峡谷，又看看峡谷下的机场，深思了一会儿，对众人说："我们可以用它来摧毁敌人的飞机，你们看——"说着，他指向峡谷旁的一个悬崖："我们就到那悬崖上，等着德国人的飞机飞上来，然后……"说到这里，他拿着石块儿做了个砸的动作。

看看大家都明白了自己的意思，米切尔便和队员们分头捡了几十块石头，放进包里，向悬崖爬去。当他们爬到一半时，峡谷中的德军机场突然发出阵阵刺耳的警报声，顿时，无数探照灯把周围照得雪亮。

米切尔低声对身后的队员们说："敌人肯定是发现了我们刚才放置的炸弹，等一会儿，他们会派飞机搜山的，我们赶快到悬崖上，正好干掉飞机。"

于是，众人加快了速度，顺利地来到了悬崖上。在这里，他们把德军机场里的情况看得一清二楚，果然，有三架飞机正在发动，看样子，马上就要起飞了。

米切尔手一挥，让队员们各自选择最佳的攻击位置，做好随时战斗的准备。

当德军的飞机飞起来的时候，米切尔吩咐道："放过第一架飞机，我们去袭击第二和第三架！"

第一架德国飞机贴着悬崖飞过去了，跟在后面的第二架飞机刚一露头，米切尔便大喊一声："打！"几十个石块立刻像雨点一般飞向飞机，飞机里的德国士兵根本没想到这悬崖上竟埋伏着这么多人，而且不知道是什么东西飞向自己，顿时吓得手忙脚乱，一不留神，撞在了悬崖的峭壁上，只听"轰"一声，飞机爆炸了。紧跟着它的第三架飞机被爆炸造成的强大气流冲得歪歪扭扭，一头撞在峭壁上，也是机毁人亡。

两架飞机燃烧的碎片坠入了峡谷中的机场，把机场的油库烧着了，只听阵阵巨响，机场变成了一片火海。

米切尔和队员们带着胜利的喜悦，踏上了回家的路。

· 难解的"弗里亚" ·

第二次世界大战时，德国人研制出一种名叫"弗里亚"的雷达，并很快把它投入到战争中。当时，盟军的参谋们，谁都没去注意它。

1940年7月的一天，英国陆军指挥官琼斯少将正在房间里休息，忽然，一位军官气喘吁吁地跑了进来。他告诉琼斯一个情报，在布列塔尼北海岸上一个叫拉尼翁的小村庄里，德军建了个"弗里亚"雷达站，并派了一个轻型高射炮连在旁边守卫。

看来，德军非常重视这个"弗里亚"雷达站。可是，这个"弗里亚"到底能起多大的作用呢？这个问题让琼斯百思不得其解。他立即派了许多情报人员前去侦察，想查个水落石出。

几天后，派出去的情报人员都一无所获地回来了。这回，琼斯更加认定这个"弗里亚"的重要性，他发誓，一定要搞清楚它的面目。

琼斯立即召集参谋们开会讨论，可谁都没说出一个好的办法来。散会后，琼斯还独自一人呆呆地坐着。

忽然，琼斯的脑海中闪过一个念头：为什么德国人偏偏把这雷达叫做"弗里亚"呢？难道……

想到这儿，琼斯爬起来就往资料室跑去。他心里隐隐感到，这雷达一定同它的名字有关。来到资料室，琼斯迅速翻出一本《大英百科全书》，飞快地翻动着。

终于，"弗里亚"三个字映入了琼斯的眼帘，他心里不禁一阵激动，急忙往后看去，只见上面写道："弗里亚"是北欧日耳曼民族代表美、爱和多育之神……

看到这里，琼斯有些迷惑了：奇怪，这跟雷达有什么关系！接着

又继续朝下看去: "弗里亚"女神有一件最值得骄傲的爱物, 一条叫 "布里辛盖门"的精致项链, 为她守护项链的看守叫"黑姆德尔", 他不论白天还是黑夜, 都能朝任何方向观察100英里……

原来如此! 琼斯兴奋得差点没大叫起来, 这"弗里亚"肯定是一种轻便式中程预警雷达, 德国人怕用"黑姆德尔"做代号太明显了, 所以就叫它"弗里亚"!

几天后, 英国陆军部队按照琼斯分析的情况, 毫不费力拔掉了德军设在拉尼翁的雷达站。

·将军的耻辱·

1940年10月，意大利法西斯在入侵北非的同时，又发动了对希腊的进攻。意大利法西斯头目墨索里尼这回的如意算盘却打错了，他的部队在希腊军队和英国军队的联合反击下，被打得一败涂地，他只得向希特勒求助。希特勒为了能彻底占领希腊，答应派兵配合他，去夺下希腊最大的岛屿克里特岛，并决定把进攻的时间定为1942年4月底。

德国和意大利将大举进攻克里特岛的消息，很快被英国情报部门截获，并报告了首相丘吉尔。丘吉尔马上任命英勇善战的弗赖伯格将军为克里特岛驻军的司令，让他率领部队抗击敌人。

弗赖伯格将军是第一次世界大战中从一名普通志愿兵提拔上来的，在他身上有30多处伤疤，曾获得过英王颁发的维多利亚十字勋章和两条金线的特殊勋带，战功卓著。所以，丘吉尔首相认为他是这次战役的最佳人选。

弗赖伯格将军来到克里特岛，发现这里的防御力量非常薄弱，兵员总数还不到30000人，武器也比较落后，飞机总共只有36架，而且有一半几乎没有什么战斗力。最令弗赖伯格头疼的是，克里特岛的后方运输线被敌人切断了，这就意味着，增援部队和武器将无法运到岛上来。

虽然情况十分不利，可他仍然信心十足，并不害怕强大的敌人。在他的影响下，克里特岛上人心稳定，官兵们按照他的吩咐，做好了准备，打算给德意法西斯一个迎头痛击。

战斗在1942年的5月20日清晨打响了。德军在进攻前一个小时，用重型轰炸机对克里特岛的地面防空设施进行了一个小时的狂轰滥炸，其猛烈程度无可比拟，把英军的大部分对空火炮都炸成了哑巴。

久经沙场的弗赖伯格将军知道，下一步敌人就会在海滩实行空降，去控制马力姆机场，因为只有占领了那里，他们才能将大批部队运上岛，所以，无论如何也不能让敌人得到机场。他调遣大批兵力去保卫机场。

果然，大批德国伞兵像雨点一般从天而降，弗赖伯格命令战士们集中火力向他们射击，许多德国空降兵在半空中就被打死，但还是有一小批成功着陆，他们一边做着掩护，一边占领了一个小山头。

战斗激烈地进行了两天两夜，德军终于占领了机场，弗赖伯格见大势已去，不得不致电丘吉尔，要求部队从岛上撤退。丘吉尔告诉弗赖伯格，让他一定要把敌人的主要攻击力量牵制住，最后说："全世界正注视着你们进行的辉煌战斗，大局将以此为转移。"

弗赖伯格将军受命率领残余部队，去拦截敌人的运兵船队。这又是一番惨烈的激战，虽然他的部下死伤惨重，但同时也让德军尝到了苦头，一直到战斗结束，没有一个德国士兵能顺利从海上登陆。

这时，弗赖伯格又接到丘吉尔的电报，要求他再接再厉，打击敌人。弗赖伯格将军知道再坚持下去，将会全军覆没，于是，他紧接着也发了一份电报给丘吉尔，再次请求撤军。

克里特岛的失利已成定局，在众人的劝说下，丘吉尔只好命令弗赖伯格弃岛撤退。

弗赖伯格为了能在敌人的重围中顺利撤出，留下一部分后卫部队坚持战斗，其余的人则分批于夜间乘驱逐舰慢慢转移。在转移的过程中，他们不断遭到敌机的轰炸，头批转移的500名战士全都葬身大海。

转移部队终于回到了总部，弗赖伯格将军才随最后一批战士离开克里特岛。这次转移行动，英军共损失了5000多人，弗赖伯格认为这是自己战斗生涯里最大的耻辱。

·海鸥聚集的地方·

第二次世界大战期间，英国政府委任托马斯少将为潜艇司令官，负责巡逻英国海域，防止德军的潜艇偷袭同盟国的运输船只。

作战经验丰富的托马斯少将知道，潜艇与潜艇之间的较量，关键在于如何隐蔽自己。谁能先发现对方，谁就掌握了进攻的主动权。

当时，潜艇上还没有装备雷达，主要的预警系统还是声呐。要在声呐探测的范围之内先发现对方，就要看运气了。托马斯要找一个更好的办法。

接连几天，托马斯少将天天来到海边，思考着心中的难题。远处，一群海鸥正在波浪上盘旋，它们一会儿高高地飞起，一会儿俯冲到海面，在同一片海域上飞翔着，久久不肯离去。

这一现象引起了托马斯少将的注意。他举起望远镜，想看看究竟是什么东西吸引了这群海鸥。经过一番仔细观察，他发现，原来这群海鸥存追逐附近一艘海轮上抛弃的剩菜剩饭，这让他忽然想起曾经在一本书里看到过，海鸥的视力非常敏锐，头脑也很聪明，它们能记住哪些海轮会在何时扔下食物来，所以总会按时来享用。

一个大胆的设想从托马斯心头升起。他觉得，天天让自己烦恼的问题就要解决了。

回到营地，托马斯立刻命令潜艇下水，跟着他又吩咐伙房，每天多做10个人的伙食。

伙房的士兵们不禁有些奇怪，多做这么多人的伙食干什么？

谁也没想到，托马斯竟然下令将这些多出的伙食统统扔出了舱外。伙房的士兵向上级反映，说托马斯浪费粮食。

军需官让托马斯把这事解释清楚，哪知托马斯竟十分固执，说扔食物有他的道理，伙房只管按他的要求去做就行了，其余的别管。

一天，两天……托马斯天天在观察着漂浮的食物给海面带来的变化。终于有一天，一大群海鸥飞来了，它们跟着潜艇，始终不愿离去，到后来，只要水中出现一点点潜艇的踪迹，海鸥都会蜂拥而至。

一个月后，英军接到情报，为了切断英国的供应线，已有德国潜艇开进了托马斯防卫的海区。

托马斯立即给观察兵下达了一道命令：在停机伏击时，只要发现哪个海区有大群的海鸥集结，就立刻汇报。

机器关闭了，潜艇静静地潜在海水下，托马斯和部下们一言不发，默默地等待着。突然，观察兵兴奋地报告说，从潜望镜里发现有大群海鸥翔集，并已经测出方位和距离了。

托马斯一声令下，全体官兵都做好了战斗的准备。潜艇发动了，以最快的速度向目标冲去，并立刻锁定了它，一枚鱼雷飞驰而去。

这时候，德军的潜艇也发现了托马斯的潜艇，可是它无法躲避，只听一声巨响，海面上掀起了高高的水柱，德军的潜艇被炸毁了。

有了海鸥当潜艇的眼睛，托马斯屡屡奇袭成功，一直到战争结束，他指挥着潜艇，共消灭德军的潜艇17艘。

·蒙哥马利改地图·

蒙哥马利（1887—1976年），英国陆军元帅，军人出身。在第二次世界大战中，他指挥英国军队与德军作战，取得辉煌战果，升任为元帅。这里讲的是他在战争中的几个小故事。

1942年的夏天，德国驻北非军队的司令、人称"沙漠之狐"的隆美尔将军，向英军展开了一系列的进攻。英军被打得节节败退。英国政府经过紧急磋商，连忙把刚刚出任第一集团军司令的蒙哥马利，改调到第八集团军，让他去阻止隆美尔的进攻。

来到北非前线，蒙哥马利立即感到了事态的严峻。有消息说，隆美尔指挥着他的装甲兵团已跨过了利比亚和埃及的边界，正向自己的阿拉曼防线逼近。

蒙哥马利心里清楚，目前最大的困难不是来势汹汹的德军的进攻，而是搞不清他们会从哪里发动进攻，因为隆美尔善于利用他的坦克部队灵活机动的特点，出其不意地进攻，来达到他让英军措手不及的目的。

经过认真详细的分析和推测，蒙哥马利相信，隆美尔一定会把进攻的重点放在阿拉曼防线的南端，因为那里只驻守着自己的一个装甲师和一个步兵团。蒙哥马利决定，就在阿拉曼防线的南端，摆一个口袋阵，等隆美尔这老狐狸钻进去然后再收紧袋口，狠狠地揍他一顿。

蒙哥马利的推断一点没错，隆美尔果然率军直奔阿拉曼防线的南端。由于地形不熟，他找不到合适的进攻路线，只得一边补充坦克部队的燃料，一边派出坦克小分队，去南方窥探进攻路线。

隆美尔的举动，全在蒙哥马利预料之中。蒙哥马利立刻把自己部队的行军地图修改了一番，然后交给南端的巡逻坦克部队，让他们一定要想方设法让地图落到隆美尔手中，到那时，隆美尔肯定会照着地图走进他的包围圈。

这个任务由南端的士兵不露声色地完成了，隆美尔如获至宝般地捧着地图，一点也不怀疑这张地图的真实性。在一番细心研究后，他决定从地图中标明的拉吉勒洼地穿过阿拉曼防线。

十几天后，隆美尔的坦克先头部队浩浩荡荡来到了拉吉勒洼地，顺着自己觉得安全的道路前进着。

这时，前方忽然冒出了几辆英军的坦克，在德军猛烈的炮火下，这几辆英军坦克掉头就逃。

隆美尔派出的坦克部队指挥官把手一挥，命令全军加速前进，追击英军的坦克。

英军的坦克忽快忽慢，眼看就快追上了，突然，德军的坦克部队一齐停了下来，并缓缓地往下沉，这支部队的指挥官吓得冷汗直冒，他知道，自己的坦克部队陷入流沙之中了。只见他飞快地翻出地图，找来找去，也没找到地图中有流沙区域，自己也没走错路线，这时他恍然大悟：这是蒙哥马利设下的圈套啊！

绝望和恐惧袭击着坦克里的德国士兵。他们纷纷爬出坦克，大声呼救起来。这时，天空中响起了飞机的轰鸣声，那是蒙哥马利派出的轰炸机群，只见雨点般的炸弹向流沙中的几十辆坦克投来，一时间，爆炸声震天，烈焰四起，隆美尔的坦克部队就这样完蛋了。

正在后面的隆美尔只得止住正向拉吉勒洼地挺进的大军，重新勘测阿拉曼地区的地形，为自己下轮的进攻做准备。

·头戴两个帽徽的元帅·

自从军装上有了领章帽徽，世界各国军官将领的帽子上都有一枚代表本国特征的帽徽。可是被世人称为一代名将的英国元帅蒙哥马利，却偏偏与众不同，他就经常戴一顶别有两个相同帽徽的军帽。这到底是怎么一同事呢？

第二次世界大战爆发了，在头几场同德军的较量中，英军总是以失败告终，刚刚出任英军元帅的蒙哥马利，决定亲自到前线去考察。

战斗非常激烈，但这对久经沙场的蒙哥马利来说，早已是司空见惯了。他在战壕里转了一圈，忽然看到一名年轻的下士竟把头埋在沙土里，枪也丢在一边，浑身直哆嗦。

蒙哥马利顿时气坏了，飞起一脚踢在那年轻人的屁股上，吼道："下士，你到底在干什么，难道你不为你的行为感到羞耻吗？"

年轻人回过头，他并不知道朝自己发火的是英国元帅，但他从蒙哥马利的军衔上，晓得这个人来头不小。他慢慢站起身，刚想对蒙哥马利行个军礼，谁知突然一枚炮弹落在了离他不远的土堆里，只听一声巨响，整个地面都抖动了起来，年轻人不由惊叫一声，再也顾不上行什么军礼了，又一头扎进沙土中。

他被眼前的士兵气得双手直抖，一把揪住年轻人的后衣领，硬将他拽了起来，劈头盖脸骂道："你这个胆小鬼，真不配当军人，你知道吗，你是在为自己而战，为你的家乡而战！"

年轻人被他说得泪水在眼眶里直转，沉默了老半天，才小声地说："长官，这炮声实在太吓人了，我真的害怕得不行。"说完，赶紧低下了头。

蒙哥马利冷笑一声："你的任务就是用你手里的武器让敌人的枪

炮变成哑巴。既然你不反击，敌人的枪炮声只会越来越响！"说到这儿，他一伸手，托起年轻人的下巴，接着说道："看着我，我不要你像我一样，但我要你至少具备这种勇气。"说完，他竟爬出了战壕，面对着下面士兵，高高地站着。

陪同蒙哥马利的军官们全都吓坏了，纷纷叫了起来："元帅，危险，你快下来！"蒙哥马利好像没听见，足足站了有几分钟，敌人的子弹在他身边不时飞过，炮弹也在离他不远的地方频频爆炸，但他毫不理会。

那个年轻人忽然惊叫道："您是元帅？您就是蒙哥马利元帅？"

蒙哥马利答非所问地说："看到了吧，子弹见了勇敢的人也会自动转弯，下士，拿出你的勇气来，做个真正的军人！"直到这话说完，他才慢慢地跳下战壕。

年轻人的眼睛瞪得老大，嘴里一直重复着那句话："您就是蒙哥马利元帅？您真的是蒙哥马利元帅？"

这时，与蒙哥马利随行的人员说："对，他就是我们的元帅。"蒙哥马利点点头，用力拍拍年轻人的肩膀，说了一句："下士，难道你认为我会和你一样胆小吗？快拿起你的武器，也许你就是明天的将军。"

这天晚上，蒙哥马利的眼前总是浮现出那个年轻人害怕的模样，他想：如果几百万大军里哪怕只有百分之十像他一样，这场战争如何取胜！司令官应该在这些士兵和下级军官苦战的时候，出现在他们面前鼓舞他们战斗。我得想法，让千万士兵们能一眼就认出我。

蒙哥马利终于想到了一个好办法，他就在军帽上别两枚帽徽，随后，他把这个秘密一级一级通知了下去，他说："有了这样一顶军帽，以后不论到哪个连队，所有的士兵只要看到这顶帽子就会知道是我来了，就会知道我对他们的所作所为非常关切，就会知道我不只是光坐在安全的后方高高在上地发号施令了。"

蒙哥马利的这一招果然管用，过去从来未见过他的官兵，只要看见那顶奇特的军帽，就会一眼认出他来，从而勇气倍增。从此后，这顶别有两个帽徽的军帽，便一直伴随着蒙哥马利，走过了第二次世界大战的全部历程。

·假元帅真出访·

1944年4月的一天，英军统帅部来了一名新人，陆军中尉詹姆斯。战前，他是一名职业演员，今天，蒙哥马利元帅亲自点名要接见他，说要交给他一项非常重要的任务，为此，他特地刮了胡子，换上了新军装。

詹姆斯敲开了蒙哥马利元帅的办公室，见屋子里除了蒙哥马利元帅以外，还坐着两位情报部门的高级官员。

蒙哥马利元帅忙招呼詹姆斯坐下，问了几句话，就拿出一面镜子，一会儿照照自己，一会儿又瞧瞧詹姆斯，嘴角不禁露出了微笑，忽然又回过头向那两位情报人员说："像不像？"那两人含笑点头，搞得詹姆斯丈二和尚摸不着头脑。

接下来的谈话让詹姆斯更大吃一惊。原来因为他长得酷似蒙哥马利元帅，所以元帅叫他假扮自己，并给他两个月的练习时间，让他在这段时间里，务必将自己模仿得惟妙惟肖。

詹姆斯想到将要重操旧业，而且是去扮演自己最崇拜的一位元帅，心里的自豪感不禁油然而生。可他实在纳闷蒙哥马利元帅为什么要自己扮演他？

蒙哥马利元帅告诉他，两个月后将有一场重大的军事行动，成败就要看他的演技了。

詹姆斯不敢怠慢，在情报人员的帮助下，开始熟悉元帅的经历，他的家人和朋友，以及他的生活行为习惯和语气，就连最细小的特征，都不放过。

这段时间，詹姆斯同蒙哥马利元帅生活在同一个空间里，不管元帅参加什么活动，他都默默跟在身旁，留意着元帅的一举一动。

两个月很快过去了，这天，元帅的裁缝为詹姆斯送来一套衣服，等詹姆斯把衣服穿好，往元帅身边一站，两人简直一模一样，看得周围人惊叹不已。

看到詹姆斯模仿得如此出色，蒙哥马利满意地笑了。他对詹姆斯说："下面就看你的了！"说完，立即下令，让情报部门对外宣布，他将出访西班牙，到直布罗陀会见当地的英军司令。

这消息很快便传到了德军总部，他们立刻通知直布罗陀的所有间谍，去刺探这消息的真伪。如果是真的话，那德军将会有更充裕的作战准备时间了。

几天后，"蒙哥马利元帅"带着代表团来到了直布罗陀，直布罗陀的英军司令是元帅的老朋友，虽然很长时间没见面，但他发现元帅还是那么健谈，一点都没变。

直布罗陀的德国间谍们在一旁看得清清楚楚，深信这确实是真正的蒙哥马利，一份电报将消息传到了柏林。

这条消息使德军很兴奋。蒙哥马利在外访问，盟军暂时不会有重大军事行动。他们终于有了喘息的机会。

正当德军想松一口气的时候，前线风云突变，蒙哥马利元帅已率领着大军在诺曼底登陆了，德军一败涂地。他们哪会想到，正在直布罗陀出访的蒙哥马利是陆军中尉詹姆斯装扮的呢？

·海市蜃楼伏杀机·

1940年秋天，意大利法西斯头子墨索里尼派出了他的元帅格拉齐尼亚率领20万大军，进入埃及，然后直插尼罗河三角洲地区。

英国政府为了保障苏伊士运河和中东的石油运输的安全，也在埃及驻扎了一支队伍。这支3万人的部队，是由英国中东地区总司令韦维尔将军指挥的，可这3万人的部队，如何能抵挡敌人的20万大军呢？

韦维尔将军知道，事已如此，只能凭自己手里有限的兵力去抗击即将杀到的敌人。他立即收缩自己的部队，凡是可以作战的野战部队，哪怕是由埃及人组成的那少得可怜的阿拉伯骑兵，都必须集结到尼罗河三角洲西侧的亚历山大地区，等待战机。

韦维尔同时又派了几支混合小分队，前往尼罗河中游西侧的沙漠地区活动，布下疑兵，迷惑敌军。

这支队伍迅速到达了指定地点，开始忙碌起来。他们从背包里取出一只只橡皮玩具，往里充气，沙漠里竟奇迹般地出现了数百辆"坦克"。士兵们又按照战斗队形，把这些橡皮坦克加以固定，加上伪装，让人远远望去，一点都瞧不出破绽。士兵们又挖起了战壕，堆起了沙袋，并如法炮制了许多"大炮"和"汽车"，一支看上去强大无比的"部队"就这样活灵活现地出现在沙漠里。

这群英国士兵又在每条用于运输的公路上，压上密密麻麻的坦克履带的痕迹，让人以为这里经常有坦克部队经过。

等这一切都做得天衣无缝了，韦维尔将军这才命令自己的高炮部队开进他在沙漠里设的"海市蜃楼"中，虚虚实实，组成了一张强大的火力网。

格拉齐尼亚的部队这时进入了埃及的西迪尼拉尼地区。他不紧不慢，先派侦察飞机到前沿去做一番侦察。

侦察机上的飞行员很远便看见了那些坦克和炮群，大吃一惊，忙降低飞行高度，将这一切都拍摄下来。

格拉齐尼亚看着送来的照片，一时没了主意。

就在格拉齐尼亚犹豫不决的时候，罗马传来了消息，英国已经派出了增援部队，而且舰队已经驶入了地中海。

格拉齐尼亚只得命令部队停止前进，进行工事加固，以防英国援军从自己的背后攻击。一支进攻的军队，竟然一夜之间变成了防守军队。

英国增援部队一登陆，便与韦维尔取得了联系，两军立即同时对格拉齐尼亚的部队发起了进攻，打得意军连连败退。

这场以少胜多的战役，成为战争史上的佳话。而格拉齐尼亚在知道真相后，气得半死。

·弗瓦特的冰舰队·

1941年秋天，德国法西斯在北海与英军进行了一次又一次的海战，想彻底打垮英国海军，企图在英国登陆。

英国海军虽然击退了德国军舰的一次次进攻。可是，英国的大部分战舰也都受到不同程度的损伤，要是不及时补充战舰，就难以抵挡德国海军的进攻了。

面对这严峻的形势，英国海军部立即召集有关军官开会，命他们无论如何在两个月之内造出五艘军舰来。

在场的所有人一声不吭，因为他们知道，除非出现奇迹，要想造出五艘军舰，没有半年时间是不行的。

过了好一会儿，海军中将弗瓦特说道："让我想想办法。"

主持会议的海军总司令说："不管你用什么方法，只要两个月后能把战舰派上战场就行。不过你要记住，最多两个月，德军就会发起更疯狂的进攻！"

弗瓦特说："给我五天时间，让我先拿出一套成熟的方案来。"

第二天，弗瓦特来到海军造船厂，找到造船厂的工程师阿加尔，介绍了有关情况。

阿加尔听后，想了想，说道："我倒有个主意，我们来造五艘冰舰，两个月后，正是隆冬季节，到那时，冰舰就可以派上用场了。"

阿加尔的话顿时让弗瓦特信心大增。他兴奋地一把抱住阿加尔，说道："对对，冰能浮在水上，而且冬天制冰太容易了。"

阿加尔微笑着点点头，补充道："造冰舰还不需要大量的钢板，只要有水就行了。"

五天后，阿加尔的冰舰图纸出来了，弗瓦特忙拿着图纸给司令官看。经过一番论证后，冰舰的设计得到了肯定，并由弗瓦特中将全权负责这五艘舰船的制造。

为了加快生产，弗瓦特命令部下从英国各地调来数百台大型的制冷机，加上严寒帮忙，在阿加尔的努力下，仅用了一个半月时间，五艘大型冰舰就造成了。

冰舰的浮力比铁舰大得多，弗瓦特因而得以在舰上配备了更多的火炮。他率领部下，将冰舰驶入了寒风嗖嗖的北海。

两个月后，德国海军果然又发起了进攻。他们以为，这是进攻英国的最佳时机，因为他们估计英国海军舰只已严重不足。谁知，五艘雪白的巨型战舰突然出现在前方，拦住了他们的去路，没等他们缓过神来，巨型战舰就开火了。

这五艘巨型战舰就是弗瓦特率领的冰舰队。很快，德军的"威廉皇帝号"就被击中着火，眼看就快下沉了。

德军见自己的主力舰受到了重创，急忙加强火力进行还击，两枚炮弹击中了两艘英舰。没想到，被击中的英舰并不起火，而且很快就修好了，一点也没影响到它的战斗力。

原来，弗瓦特一见冰舰被击穿，忙吩咐修理人员用制冰机和海水迅速补上了缺口，一切便恢复如初了。

德国军舰见势不好，掉头就逃。可在逃跑的路上，又有两艘德国军舰被击沉。

这消息很快便传到了希特勒那里，他百思不得其解：英国人那五艘炸不烂打不沉的白色巨舰，到底是什么材料做的？

·菲利普的失误·

　　1941年12月中旬，日军大规模入侵马来亚，这个大英帝国的属地危在旦夕。为拦截来势凶猛的敌人，正在新加坡的英国远东舰队司令、海军上将菲利普迅速召开了一次紧急战前会。

　　在会上，菲利普将军沉着地布置着迎击日军的作战方案，决心依靠奇袭、快速、舰炮这三个法宝，来与敌人一决雌雄。他之所以如此胸有成竹，是因为不久前英国政府把号称"不沉战舰"的"威尔士亲王号"和战列舰"反击号"编入了他的远东舰队，日本人对他这支火力强大的舰队，一直有所忌惮。

　　第二天傍晚，菲利普率领着他的远东舰队驶离了新加坡港，悄无声息地避开日军的水雷区和潜艇巡逻线，向北部驶去。

　　日军的一艘潜艇在潜望镜里发现了这支英国远东舰队。日本潜艇一边把这个情况向基地汇报，一边飞快地逼近英国舰队，想打它个出其不意。没料到，这时一阵猛烈的暴风雨突然呼啸而来，英国舰队一下子没了踪影。从基地飞来的53架日本轰炸机，配合刚赶来的日本巡洋舰队，在海面上仔细搜索起来，但除了翻滚的巨浪，什么也没发现。

　　其实，菲利普的舰队与日军的舰队仅仅相距5海里。他正借着夜幕和恶劣的气候，一点一点逼近敌人的大本营。舰队上的所有成员都激动万分，想不到竟会如此顺利。凌晨，菲利普收到从新加坡基地发来的电报，说日军已在马来亚的关丹地区登陆。菲利普考虑了半天，临时改变了计划，命令舰队改变航向，驶往关丹。

　　第二天清晨，菲利普的舰队到达了关丹附近，发现这里并没有日军登陆。他这时才发现上了日军的当了。他下令舰队在关丹停滞3小时。就是这短短的3个小时，把远东舰队彻底送上了不归路。

接近中午，一架日军侦察机发现了远东舰队，这一情况立刻传到了日军基地。几分钟后，日军的轰炸机群以迅雷不及掩耳之势向远东舰队扑去。它们一架接一架钻出云层，朝舰队狂轰滥炸，"反击号"首先受到了重创，不久沉入海底。

菲利普没料到敌人竟来得如此之快，火力如此凶猛，他连忙命令舰队集中火力射击敌机，并打开无线电向基地呼救，他知道，救援战斗机赶来，至少需要1个小时。

凶狠的日军不给菲利普喘息的时间。他们以自杀式进攻的方式向远东舰队拼死投下一枚枚炸弹，不久，"威尔士亲王号"就被熊熊的火焰包围了。

看着舰队的舰艇一艘艘被陆续击沉，菲利普心里有股说不出的滋味：本来胜利是属于自己的，谁知一时疏忽，竟成了这种结局。这时6架日军的鱼雷机同时向他所乘的"威尔士亲王号"发射出了鱼雷，只听几声惊天巨响，这艘号称"不沉战舰"的王牌舰艇，连同菲利普将军，转眼就被马来亚的海涛吞没了。

这就是第二次世界史上第一次大规模的海战马来亚海战。在这次海战中，葬身大海的除了菲利普上将，还有807名英军将士。英国首相丘吉尔得知后，只说了一句话："对远东舰队的惨剧，我感到无比的痛心，但对菲利普的失误，我更痛心。"

·海军少将杜尔曼·

1942年1月，日本向荷兰宣战，他们派出强大的海军部队，直逼荷兰的殖民地东爪哇和西爪哇。为了不让日军阴谋得逞，盟军司令部组织了一支海军联合舰艇突击编队，由荷兰海军少将杜尔曼指挥，去对付日军舰队。

杜尔曼少将时年53岁，在荷兰海军已任职36年，具有丰富的作战经验，尤其重视海空配合作战。日军准备在2月28日这一天，同时登陆东爪哇和西爪哇。杜尔曼并不知道敌人登陆的准确时间，可他已察觉到了敌人的意图，于是他带领舰队，在爪哇海域不分昼夜地巡航，然而，一连过了好多天，始终没发现敌人的影子。

这时，有位参谋向杜尔曼建议，由他带领舰队，再往北游弋，或许就能遇到日军的舰队。杜尔曼坚决不同意。他认为，日军随时都可能登陆，舰队一旦远离，届时无法阻拦日军。

杜尔曼沉思片刻，要求附近的美国空军部队，派出轰炸机和侦察机对自己提供支援。美军指挥官答应派给他一艘载有32架战斗机的小型航空母舰，然而这艘航空母舰在搜寻日军的途中，竟被日军的潜艇击沉了。至此，杜尔曼彻底失去了空军的配合，这对擅长海空联合作战的他来说，实在是一个致命的打击。

2月27日下午，杜尔曼得到了准确的情报，说日本海军舰队已出现在马成安附近。杜尔曼当即命令联合舰队向马成安驶去。两个小时后，联合舰队和日军遭遇了。双方兵力相当，但日军在装备配置上却大大优于杜尔曼，因为杜尔曼连一架侦察机都没有，而日军的侦察机却频频在联合舰队上空出现。

激烈的海战开始了，整整两个小时，各有损失。当太阳落下海面时，杜尔曼下令施放烟幕，打算撤出战斗，然而没撤多远，日军的侦察机便盯上了他们，杜尔曼却无法掌握对方的动向。这一来，联合舰队顿时处于劣势。

看来难以撤走，杜尔曼命令舰队掉转船头，决定不惜一切代价，找到日军的运输舰，消灭运输舰上日军的登陆部队。但是敌人利用侦察机的优势使他无法接近运输舰。

联合舰队在黑夜里追踪着日军，双方不时发生小规模的炮战，最后联合舰队在日本军舰的围攻下，伤亡惨重。这时，杜尔曼手下的军官纷纷跑来，劝告他尽快撤离。杜尔曼说："没有空军的配合，我们就等于是睁眼瞎，现在我们只有一个选择，就是同日本人决战到底！"

炮声越来越猛烈了，到了下半夜，胜券在握的日军一下占据了海上的有利位置，瞄准杜尔曼的舰队同时开起了火。一时间，炮弹、鱼雷像雨点一般，把整个天空都映得通红。联合舰队又有几艘舰只沉入了海底。

20分钟后，杜尔曼所乘的旗舰"德鲁伊特尔号"也被鱼雷击中，它在海上漂浮了一个半小时才慢慢向海底沉去，舰上的战士们纷纷请杜尔曼赶紧搭乘救生艇，同大家一起离舰逃生，但这位忠实的反法西斯将军谢绝了大家的好意，他说："我不会走的，我要和舰艇共存亡。"说完，他径直走进指挥室，平静地点燃一支香烟，在袅袅的烟雾中让海水漫过自己的头顶。

虽然杜尔曼离开了这个世界，但今天人们只要一提起他，都会竖起大拇指，说他才是一个真正的军人，一个真正值得人敬佩的军人。

·罗斯福装糊涂·

罗斯福是第二次世界大战期间的美国总统，他不仅是一名优秀的政治家，也是一名出色的军事战略家。

1942年，太平洋战争爆发了，日军海军制定了一整套详细的作战计划，要同美国海军决一死战。

日本人根本没有想到，他们制定的这套作战计划的密码，已被美国海军上将尼米兹破译了。他在日本人还蒙在鼓里时，便开始了战略部署。然而，这个极其重要的情报被美国《芝加哥时报》的驻军记者知道了，这名记者为了显示自己的工作能力，竟把它登在了报纸上。

报纸很快便摆在了美国总统罗斯福的桌上。罗斯福气得直跺脚，他知道，万一日军改变计划，再用别的密码联络，那美军的准备就白费了，更重要的是，要想再掌握敌人的动向，几乎是不可能的了。

罗斯福总统决定以静制动，故意不去理睬这条消息，让日军去怀疑它的真实性。

果然，日本的总参谋部有关人员正在挑灯夜战，紧张地开会商议密码被破译的对策。

会上，日军中将冈茨说："关于这条消息的可靠性，我实在怀疑。因为美军如果真的掌握了我们的情报，怎么还会白纸黑字地把它刊登在报纸上？这太不合常理了。我看，这条消息只不过是美国人的烟幕弹。"

冈茨的话音刚落，原田上将也说："冈茨君的分析很有道理，这只不过是美军的一个障眼法，他们想让我们胡乱猜疑，迟迟不敢进攻，然后乘这个机会，打我们一个措手不及。"

　　两名将军的话让在场的人听得频频点头，参谋长最后说："我们可以留意美国总统对这事的处理方法。泄露国家军事机密，是一项严重的罪名，如果报上刊登的消息是真的，美国政府一定会严肃地查处责任人的，现在，就看美国总统要干什么了。"

　　于是，从那天起，日本的间谍们便天天翻看报纸，收听广播，探听美国国防部的一切消息。然而过了许多天，像什么事也没发生似的，关于这事再也没什么消息了。

　　日本总参谋部的高级官员们长长地舒了口气，他们更加相信自己的分析是正确的。于是他们立刻决定，按原计划行事，密码无须修改。

　　就这样，中途岛战役打响了，日军满怀信心地大举向中途岛进攻。突然，海域的上空不知从哪儿钻出一大批美军的飞机，接着四周又冒出数十艘美国军舰，把日本海军紧紧包围了起来。

　　日军这时才明白，自己已钻进了美国人布下的圈套，可是为时已晚，日本海军舰只遭到了美军的猛烈攻击。

　　胜利的捷报传到了罗斯福那里，罗斯福这才长长吐了口气，把一颗悬了许久的心放了下来。

　　正是罗斯福总统遇事不乱的"假糊涂"，使得日本人变得真糊涂起来。以后，美国人民只要一提到中途岛海战，就会想到沉着冷静的罗斯福总统，是他挽救了美国。

·"老爷舰"布水雷·

1942年的天下午，正在圣克鲁斯群岛美国海军基地待命的马尔加利少将突然接到命令，让他率领四艘"老爷舰"去日本海军重要基地蒙特港布雷。

这"老爷舰"其实就是设备陈旧、马力不足的退役舰。马尔加利少将知道，上级派这些"老爷舰"去行动，不过是想麻痹日军，自己不仅要完成任务，还要争取安全返回。

马尔加利少将同四艘舰艇的舰长制定出一套夜袭蒙特港的计划，然后找了一个风急浪高的日子出发了。

他们不加掩护地向东北方行驶着，所有看见这些破军舰的人，都以为它们是前往夏威夷去检修，包括正在这一海域作例行侦察的日本飞行员也都这么想。

这几艘"老爷舰"乘没人注意，一起躲进了一座珊瑚礁形成的环形港湾。珊瑚礁上的热带雨林，顿时把四艘军舰遮得严严实实。

等天色快接近黄昏时，马尔加利少将才命令众舰转头向西北方向航行，继续前进。这时，这支舰队从远处望去，似乎又变成了遇难的舰只，正匆匆赶向港口。

夜幕降临了，在马尔加利的指挥下，四艘舰艇迅速聚集到了蒙特港的外围海域，然后来到了蒙特港的东北角。

蒙特港已清楚地呈现住眼前了，马尔加利少将举起望远镜，发现在港口里，几十艘战舰正密密麻麻地排列在码头上。陆地的山坡上，高射炮阵地也隐约可见，一切都安安静静，没有一点意外的情况。

马尔加利命令四艘"老爷舰"快速行动，施放水雷。转眼间，四艘"老爷舰"便接近了港口。就在这个时候，从港口里驶出了一艘日本驱逐舰来，他们见到黑暗中有四艘军舰正向港口驶来，一时搞不清什么情况，忙向对方打灯语。

"老爷舰"上的士兵们顿时都呆住了，不知该怎么办。马尔加利忙小声地叮嘱大家不要慌，千万不能露馅。马尔加利脑海中闪电般地想着对策。

这时，一名信号兵走到了正束手无策的马尔加利身边，小声地说："我懂他们的灯语，他们以为我们是补给船，问我们要不要帮忙。"

马尔加利忙对信号兵说："你快去发信号，说不需要他们帮忙。"

在信号兵发完信号后，前方的日舰果然退回了港口，马尔加利和众官兵的心才放了下来，他们赶紧加快了布雷的速度，把各种大大小小、深深浅浅的水雷全都留在了蒙特港外海域。

布完雷，马尔加利又指挥着"老爷舰"们快速地向下午隐藏的珊瑚礁驶去，因为马尔加利知道，只要水雷一响，日军就会派轰炸机出来报复。

第二天一早，马尔加利少将就把布雷成功的消息发回基地，基地立即派出一大群飞机来掩护他们。当马尔加利少将和战友们胜利返航时，听到身后的蒙特港发出一阵阵震耳的爆炸声，不用回头，马尔加利就知道，是日本军舰撞上了昨晚自己布下的水雷了。

·投石问路·

美国五星上将切斯特·威廉·尼米兹将军，出生于1885年。他曾担任过美国海军太平洋舰队总司令和海军作战部部长，在太平洋战争中立下赫赫战功。

1942年春天，美国军事情报部门中的一个破译小组，接收到许多日军发往太平洋地区的电报，这些电报里面都有"AF"的字样。

太平洋舰队司令尼米兹上将得知后，立即和专家们进行了分析和推测，最后一致认为，"AF"表示日军将有一次重大的军事活动。可他们的目标是哪儿呢？有的人说，日军可能要第二次偷袭珍珠港。也有人说，日军可能要袭击美国西部地区；而尼米兹经过全面的分析，认为日军是要攻击中途岛。

没有人同意尼米兹的看法。所有人都认为日军不可能进攻中途岛。尼米兹为了证实他的想法，想出了一条妙计。他命令美军驻中途岛的海军司令部，用明码拍发一份无线电报，佯称"中途岛的淡水设备出了故障"，请上级设法解决。

这条情报被日军毫不费力地截获。日军总参谋长看到这份情报后，他立刻把所有的高级军官都找来，开了个紧急会议。

这些军官这几天都在加紧准备中途岛战役，他们听到这条消息，也都兴奋不已，表示一定不能放过这次大好时机。

与此同时，尼米兹也在紧张地等候日军的消息，看看敌人到底有什么反应。

36个小时过去了，日军还没有一点动静，又是8个小时过去了，还是没有任何消息，尼米兹有些坐不住了，开始怀疑自己的判断是否正确，他在办公室里不停地来回走动着，想以此来消除内心的紧张。

突然，一名士兵敲响了房门，尼米兹看到士兵的脸上充满了兴奋，连声问道：是否有消息了？士兵肯定地点了点头。尼米兹不等他说话，一把推开他，大步跑向电台，只见一张印着"AF"字样的纸，正由电台旁的一台破译机"吐"了出来。

尼米兹用微微发抖的手拿起了这张纸条，只见上面写着："'AF'可能缺少淡水。"成功了！尼米兹不禁欢呼起来，他用力地抱住身旁的士兵，激动得像个孩子。

知道了日军军事行动的目标，为美军夺取中途岛海战的胜利奠定了基础。

·照片上的地图·

1942年8月，美日军队正在波涛汹涌的太平洋激战，美国的一支混合舰队悄悄地驶向日军重兵把守的瓜达卡纳尔岛，准备出其不意地攻击该岛。可就在这个关键时刻，一张该岛的军用地图丢失了。

这下可急坏了霍莫尔金少将。他是这次战斗的指挥者，没有了地图，岂不是瞎指挥吗？

这时，一位士兵满头大大汗地走进了他的房间，霍莫尔金连声问地图是否找到了。

进门的士兵无奈地摇了摇头，气得霍莫尔金把他一阵臭骂，吓得那士兵站在原地，一动都不敢动。

就在这时，门外响起了一个略带磁性的声音："什么事，让我们堂堂的少将大人生这么大的气啊？"话音未落，一个高个子男人走到了霍莫尔金的身边。

霍莫尔金本想训斥来人，可一抬头，发现这人竟是他从小的伙伴亚历山大，只得将到嘴边的话吞了回去。

霍莫尔金冲着呆立的士兵挥挥手，示意让他出去，接着搬了张椅子，让亚历山大坐了下来。

亚历山大是一位随军记者，这次正巧到前线采访，就顺便来看看这位老朋友，没想到一见面就碰上他发火。

霍莫尔金扯开话题，询问亚历山大最近的情况。亚历山大知道这里肯定有什么重大的军事机密，也就不再追问刚才发生的事了。

闲聊了一会儿，亚历山人打开皮箱，从里面取出一叠照片来，一边递给霍莫尔金，一边说道："这次我又重新去了趟瓜达卡纳尔岛，这些就是我上岛时拍的照片，这战火中的岛屿跟以前大不一样啰！"

霍莫尔金接过照片，翻看起来。他眼前忽然一亮，瞪着照片上的风景，嘴巴张得老大。

亚历山大被他古怪的表情惊呆了，忙轻声喊了他几声，谁知霍莫尔金猛地哈哈大笑起来。

霍莫尔金笑罢，刷地站起身来，朝门外冲去，留下亚历山大一人莫名其妙地坐在那儿。

这时，舰队的高级军官们都接到了霍莫尔金的通知，马上去会议室开会，商定作战计划。

等大家都到齐了，霍莫尔金将亚历山大拍的照片往桌上一摊，说道："这就是瓜达卡纳尔岛的地图，我们来好好研究一下吧！"

众人拿过照片，岛上的海滩、丛林立即呈现在了眼前，清清楚楚，一目了然。于是，对着照片，一份进攻瓜达卡纳尔岛的计划就敲定了。

黎明时分，霍莫尔金指挥着舰队向瓜达卡纳尔岛发起了进攻，很快就取得了这场战斗的胜利。

·战场上的假动作·

1942年9月，在阿拉曼战场上，英国部队与德国远征军之间陷入了僵持状态。谁也不敢先出兵，都害怕暴露在对方的火力下。

这时，远在另一战场的英军统帅蒙哥马利的命令下达到阿拉曼英军指挥部，命他们尽快对德军发动攻势，以巩固英军取得的战果。

在阿拉曼战场上的英军总司令是蒙哥马利元帅的一名爱将，叫威廉姆斯。这次面对元帅出的难题，他感到十分棘手。他心里明白，要想取得战斗的胜利，就得建立一个强大的火炮阵地，可在这一望无际的沙漠中，敌人对自己的一举一动看得清清楚楚，想建火炮阵地谈何容易！

困难归困难，命令是命令。威廉姆斯立即召集参谋们开会，讨论如何在敌军的眼皮下建立火炮阵地。

讨论来讨论去，也没想出一个好办法。最后，一个爱说俏皮话的参谋说："看来只有找一个巫师，让他施展法术，使德国人看不见我们才行。"

这个笑话一下给威廉姆斯带来了启发。他立刻跑到资料室里去找资料，终于在一本有关心理学的书中看到：人在心理诱导下，可能视而不见，这叫促成对象的心理定势。看到这里，威廉姆斯不禁想道：如果能造成德军司令官的心理定势，让他以为我们在阵地前并不是真的在构筑火炮阵地，那么，不就等于让他视而不见了吗？

几天后，一套出奇制胜的作战方案设计出来了。

不久，德军侦察兵突然发现英军有了动作，一支声势浩大的工兵队伍来到阵地的前沿，日夜不息，匆匆忙忙地，好像在进行什么工程。

这一发现，使德军情报部门兴奋极了。随即，一批又一批侦察小队开始行动了。德军初步侦察的结果是：英军正在前沿阵地构筑火炮阵地，现在已经把战壕挖好了，而且弹药库和通讯网也建成了。不过这一切，都被英军巧妙地伪装起来。看来，英军正在酝酿一场大规模的进攻。

德军再也坐不住了，立即采取对应行动。谁知接下来德军侦察兵又发现，英军伪装网下罩的不过是一些废旧的火炮，弹药库里堆的都是空木箱。德军的指挥官弄不明白威廉姆斯在搞什么鬼。

开始几天，德军侦察兵还认真记录每天英军火炮阵地上的活动情况，结果发现，英军不过在搞一些徒劳的活动，他们也就放松了警惕，即使英军的异常行动，他们也已习以为常了。

而这一切，正是威廉姆斯所期望看到的。他看到德军上当了，心里不禁暗暗高兴。这时，一个真正的火炮阵地在神不知鬼不觉中修筑成功了。

突然有一天，威廉姆斯率领着军队向德军发起了进攻。战斗一开始，英军的火炮从另一个阵地上发射过来，刹那间，德军的防御体系土崩瓦解，德军被炸得血肉横飞，弃尸遍野。

威廉姆斯用心理学原理取得了阿拉曼战役的胜利，完成了蒙哥马利元帅交给他的任务。

·敌人自动送上门·

1943年，第二次世界大战打得越来越激烈了。

1月16日一大早，苏军指挥官布里丹诺夫将军就接到上级的命令，让他在斯大林格勒地域对德军的第6集团军发动进攻，争取夺下德军的皮特姆尼克机场。

布里丹诺夫立即率领部队向德军发起了猛烈的攻击，5个小时后，苏军便消灭了德军，成功地占领了皮特姆尼克机场。

一位军官问布里丹诺夫是不是要尽快把这捷报发往莫斯科。

布里丹诺夫将军正在思考着问题，听了下属的请示后，摇了摇头，接着又陷入了沉思。

过了一会儿，布里丹诺夫脸上忽然露出了笑容，他冲那位军官说道："你快让机场上的士兵回到工事里！还有，我们占领飞机场的消息决不能泄露。"

这位军官不知道布里丹诺夫是什么意思。但是他不便多问，只好按他的话去安排了。

正在兴头上的士兵们不明就里，纷纷去找布里丹诺夫，想问个明白。

布里丹诺夫正埋头看地图，见这么多士兵进来，先是一惊，随即忙让大家坐下，笑着说道："对不起，刚才怪我没把事情说清楚。"

布里丹诺夫指着地图说道："大家来看看地图就明白了。这个皮特姆尼克机场对德军是多么重要！你们看，在它的后面还有德军的一个大型运输机机场。"

众人围着地图看了一阵，还是没弄明白这跟皮特姆尼克机场有什

么关系。

布里丹诺夫接着说："德军后方的这个运输机场专门负责前线的粮食和弹药的供给，而这个皮特姆尼克机场就是他们的一个中转站，只要不让德军知道这个机场已经被我们占领了，到那时，我们就可以来个守株待兔，把他们的运输机统统拿下！"

皮特姆尼克机场很快又恢复了往日的平静，一切还像德军在的时候一样，仿佛什么都没改变。

这时，天空飘起了鹅毛大雪，突然，远处传来了一阵飞机的轰鸣声。正等得焦急的苏军战士们，全都伏到了工事边，只见从天空中降下了一架、两架、三架……一共有八架德军的运输机在他们眼前着陆了。

布里丹诺夫一声令下，战士们飞快地冲了出去，把飞机团团围住，里面的德国士兵还没反应过来，就当了俘虏。

就这样，布里丹诺夫和战士们在皮特姆尼克机场守候了两天，"接收"了几十架德军的运输机，还有大批军用物资。

·炸 桥·

铁托·约瑟普·布罗兹（1892—1980年），出生于克罗地亚的一个农民家庭，曾当过工人，也当过兵，早年参加革命，是前南斯拉夫社会主义联邦共和国的缔造者。在第二次世界大战反法西斯战争中，铁托任南斯拉夫游击队和人民军总司令。他在战斗中足智多谋，留下了许多动人的故事。

1943年2月，希特勒调集了4个德国师，1个意大利师，2个联合特种部队师以及南斯拉夫的傀儡军队，围攻铁托领导的南斯拉夫的西波斯尼亚和中波斯尼亚解放区，企图消灭这支为民族解放而斗争的部队。

为了粉碎德国侵略军的阴谋，解放区最高司令部决定，将几个师的兵力组成一支突击队，并将留在解放区的4000名轻重伤员带着，一起向东南方向突围，撤到比较安全的门的哥罗地区去。

这是一次大规模的战略转移，因为伤病员多，任务十分艰巨。突击队要想转移成功，就必须渡过涅列特瓦河。为了赶在德军之前过河，突击队带着伤员，翻山越岭，历尽艰辛，终于来到了河的左岸。

没想到，德军的进军速度也很快，也已赶到了河的右岸，他们修工事，掘战壕，企图先把解放军堵在涅列特瓦河的左岸，然后调集大部队实行围剿。

涅列特瓦河上有一座大桥，那是大军必经之地。先到达右岸的德国军队在桥头筑了座碉堡，封锁了大桥的出口。他们配备的火力十分强大，带了4000多伤员的突击队想冲过去，那简直是难以想象的。当突击队被堵在左岸时，德国和意大利军队从涅列特瓦河的上游和下游渡到左岸，迅速向大桥方向集结，形成包围的态势。

突击队向桥头发起几次冲击，都被德军密集的火力打得退了下来，就在这危急的时候，总指挥铁托断然命令："炸桥！"

"炸桥？"他旁边的人几乎不相信自己的耳朵：炸了桥，怎么过河？炸了桥，后有追兵，前无进路，岂不是要被敌军全部歼灭在河的左岸吗？

铁托的命令仍旧是两个字："炸桥。"

没办法，突击队员只好按他的命令，在桥头埋下炸药，只听"轰"的一声，大桥塌了很长的一段。对岸的德军士兵大吃一惊，也恍然大悟，突击队不是要过河，而是要在河的左岸展开活动，所以炸掉大桥，阻止德国人过河进攻。他们朝河对岸望去，突击队果然从大桥边像一阵风似地撤走了。霎时间，人影全无，马嘶声渐渐远去。德军指挥官连忙转到下游的渡口过河，沿着突击队撤去的方向追击。

没多久，涅列特瓦河大桥附近既没有了突击队，也没有了德军，连原先留下的一点守桥的部队也撤走了。

河左岸的突击队在铁托的带领下，绕了个大圈后，突然又回来了。这时，河对岸没有一个敌人，突击队挖好工事，建立桥头阵地，准备阻击追赶过来的德军，同时，以神奇的速度连夜在断桥处又借原来的旧桥墩搭了一座简便的吊桥，以闪电般的速度渡过涅列特瓦河，进入门的哥罗地区。

铁托以高超的军事谋略，带领部队胜利到达了目的地。

·总司令冒险摸敌情·

艾森豪威尔（1890年—1969年），美国总统，军人出身，参加过第一次世界大战，第二次世界大战中任欧洲盟军最高统帅，指挥过许多著名战役。这儿讲的，是一则他亲临前沿摸敌情的故事。

1943年，英美联军横扫北非后，准备向意大利本土进攻，开始西西里战役。盟军统帅艾森豪威尔将军就是负责这场代号为"哈斯基"的战役的总司令。

艾森豪威尔对这场战役慎重地思考了一番，感到从北非越海攻击的路程较远，飞机的损失大，物资供应跟不上，于是他提出要先夺取班泰雷利岛。

班泰雷利岛位于突尼斯和西西里岛之间的地中海的海面上，若以它为基地，那么，进攻西西里的路程就少了一半。

这个主张刚刚提出来，就遭到了多数高级将领的反对。那些高级将领说："这太冒险了，简直是自杀。"原来，班泰雷利岛的海岸尽是悬崖峭壁，没有沙滩，惟一的通道是一个狭窄的海港。这个岛的形势是易守难攻。自从盟军在北非获胜后，意大利为阻止盟军的进攻，早已在这里派了重兵防守。敌人的一门门大炮，炮口指向地中海，随时准备轰击夺岛的英、美军队。敌军海上巡逻艇日夜在岛的四周海域巡逻，监视着盟军的一举一动。

艾森豪成尔对这一切当然也非常清楚，他微笑着说："班泰雷利岛是很险要，又驻有意大利重兵，但是我们在北非的胜利，早已使意大利人毫无斗志了。所以不妨冒冒这个险。"

既然艾森豪威尔主意已定，大家也就不再坚持自己的意见。

　　艾森豪威尔并没有马上就采取行动，他先是派大批飞机对班泰雷利岛进行3周猛烈的轰炸，然后准备亲自去侦察一番，探一探敌人的虚实。

　　这天清晨，班泰雷利岛附近的海面上，出现了英国皇家海军的军舰"曙光号"。驻岛的意大利军队竟然没有发现"曙光号"。艾森豪威尔乘坐的军舰一直驶到班泰雷利岛的海岸旁边，朝岛上打了几炮。岛上只有一两座炮回击，而且炮弹都打偏了。艾森豪威尔见意大利军队果然毫无斗志，便回过头对陆军上将坎宁安说："如果你和我坐上一艘小艇，我们两个人就能占领这个地方。"

　　回到司令部，艾森豪威尔就命令按计划对班泰雷利岛发动攻击。只经过一昼夜的战斗，11000名意大利军队就投降了。盟军竟然没有任何伤亡。

　　首战成功，艾森豪威尔兴高采烈。那些原先反对他的人也很佩服，连声说："你的判断是对的，真没想到，意大利军队竟然如此不堪一击！"

　　从此，艾森豪威尔冒险亲自摸敌情的佳话也就传扬开了。

·元帅上阵打坦克·

1943年，崔可夫元帅率领的苏联第62集团军，取得了斯大林格勒战役的胜利后，被改编为近卫第8集团军，与德军继续战斗。

德军面对英勇的苏军战士，不得不动用刚刚研制出的一种新型武器——虎式坦克。这种坦克一开到前沿阵地，立即发挥出巨大的威力，崔可夫的部队伤亡惨重。

看着一个个从前线抬回来的受伤战士，崔可夫决心尽快想法来对付德军的新型坦克。

经过几个昼夜的思索，崔可夫终于找到了对付虎式坦克的办法。他要求战士们采用避实击虚的战术，先让德军的坦克通过，然后集中火力，攻击坦克掩护的德国步兵。反坦克手则用反坦克枪榴弹、反坦克手榴弹、燃烧弹，对坦克的侧面和尾部攻击，因为这里是坦克最薄弱的部位。

这个方法果然有效。可几次下来，狡猾的德军便不再主动进攻，而是静待在原地，见到目标才开火，让苏军士兵近不得身。

崔可夫不是个容易被困难吓倒的人，他决定在德军坦克前施放烟雾，利用烟雾，主动进攻。

烟雾在阵地上弥漫开来，德军的虎式坦克全变成了瞎眼猛虎。什么也看不清，谁也不敢乱开火，怕误伤自己人。

就在这时，崔可夫亲自带领一队战士，摸到虎式坦克边，只听他一声令下，无数个手榴弹和燃烧弹在坦克上爆炸起来，坦克里的德军就像是罐头里的沙丁鱼，被烤得嗷嗷直叫。

敌人的坦克被炸了一大半，崔可夫才命令撤退，突然，无数道光柱照向他们，原来是战壕里的德国步兵们见势不妙，打开了探照灯。

　　崔可夫一边让战士们隐蔽，一边顺势卧倒在一辆烧毁的坦克旁边。这时，敌人的子弹疯狂地向崔可夫他们扫来，打得他们抬不起头。几名战士怕崔可夫出意外，急忙边还击，边向他爬过去，可还没等靠近，都纷纷中弹了。

　　崔可夫大声喊道："别管我，你们自己慢慢后撤！"说完，他趴在地上，一点一点向后挪去。

　　哪知敌人的子弹就像长了眼睛一样，不时在崔可夫身边飞舞，崔可夫看看四周，这才恍然大悟，原来是自己头上戴的羊皮帽敌人能看见，所以敌人一直把它当做射击的目标。他灵机一动，小心翼翼地脱下帽子，将它端端正正放在坦克履带上，然后飞快地向后移去。

　　敌人以为坦克后面还有人，仍然不停地冲着坦克履带上的羊皮帽扫射，这时，崔可夫早和战士们安全地返回到自己的阵地上。

　　第二天，崔可夫调集了3个集团军、1个坦克军和1个机械化军，向敌人实施了大规模的进攻，德军没有了虎式坦克的掩护，被苏军打得落花流水，一败涂地。

·了不起的建议·

史巴兹将军是美国第8航空队的司令,他在第二次世界大战中,靠自己的智慧和胆识,为诺曼底登陆立下了赫赫战功。

1943年8月,英、美军队决定在1945年5月底到6月中旬在法国北部登陆。

但是,当时德国的空军十分强大,盟军要想在法国北部登陆,就必须从英国乘船,渡过英吉利海峡。如果数十万大军在海上和登陆滩头,遭到德国强大的空军的轰炸,那么不仅会造成盟军巨大的伤亡,而且可能影响整个战局的成败。

怎样才能保证战争的胜利呢?为此,盟军总参谋部展开了激烈的讨论。许多人认为,应用重型轰炸机,攻击法国北部和比利时的铁路、桥梁,切断德军的运输线。史巴兹说:"轰炸法国北部和比利时的运输线对德国的震动不及轰炸德国的本土来得大。"

有人怀疑地说:"我们是在法国登陆,不是在德国,你有没有搞错?"

史巴兹针对质询大声说:"我们的飞机炸到德国本土上,会引起德国的混乱,动摇其军心。只要这么做,德国就非派飞机去保护不可。光炸法国北部和比利时的运输线,德国空军很可能不会理睬我们,达不到分散德国空军实力的目的。如果达不到这个目的,我们登陆就会遇到德国空军的拦截。"

这番话顿时让所有人安静了下来,都觉得挺有道理。这时,史巴兹又缓缓说道:"我们应当主要去炸德国的石油设施,因为德国的快速行动靠机械化,没有石油储备,没有炼油厂,他们的坦克、汽车开

不动，飞机也飞不起来，这是德国最害怕的。这些最关键的设施就是我们轰炸的目标。"

　　盟军总司令艾森豪威尔将军却认为这太冒险，史巴兹忙对艾森豪威尔说："将军，请相信我，请派我的轰炸机去炸毁德国的石油目标。"史巴兹以更坚决的口气说："你如果连这一点也不同意，那么，我只好辞职了。"

　　艾森豪威尔开怀大笑，说："好吧，对你的主张，我表示支持。"

　　几天后，史巴兹的第8航空队对德国本土的石油设施轰炸成功，引起德国的极大恐慌，连忙派大批战斗机保护。这样，美国军队指挥了德国飞机，把它们拴在德国本土上，使它们远离了大西洋的海岸。结果，盟军在诺曼底登陆时，德国空军对盟军已构不成多大的威胁了。

　　史巴兹凯旋时，艾森豪威尔亲自跑到机场去迎接他。艾森豪威尔拉着史巴兹的手，只说了一句："了不起！"

·假扮敌人闯敌营·

1943年夏季的一天，美国驻意大利西西里岛的第82空降师的参谋长泰勒少将，带领着几个副官，乘着一辆吉普车去视察另一驻地的空降纵队，为了能早些到达，泰勒命令驾驶员抄近路走。

吉普车很快便驶上了通向目的地的小路，这里风景宜人，凉风习习，让泰勒和部下们心旷神怡，不由自主想到了家乡夏威夷。

这时，车上的一位副官情不自禁唱起了美国歌谣，思乡的情绪立刻感染了全车的人，于是，大家都跟着他哼了起来。

吉普车在歌声中驶得飞快，眨眼便拐进了一个小村庄。突然，泰勒发现前方密密麻麻站满了意大利的士兵，个个拉响枪栓，瞄准了车上的人。

泰勒知道，车子误闯意大利阵地了，而且自己人忘情的歌声，又招来了这些意大利士兵。就在这时，泰勒后面的几个副官伸手想去摸枪，被泰勒用眼神制止住了：自己这几支枪，哪能敌得过这么多敌人，一旦开起火，就等于白白送死。

泰勒脑子里转得飞快，他急中生智，忙对一个懂意大利语的部下说道："你快问他们，我们的美国歌学得像不像！"

部下立即领会了泰勒的意思，故意大声用意大利语问道："嗨，伙伴们，你们觉得我们学得像吗？"

意大利士兵互相看看，没弄懂他说的意思，只听一个军官模样的人问道："什么学得像不像？"

泰勒的部下回答道："学美国大兵呀，我们在学他们唱歌！"

意大利士兵全乐了，连连说像，像极了。泰勒这才擦了把冷汗，

他吩咐部下保持镇定，慢慢把车开过去。

吉普车缓缓地驶进了意大利的士兵中，就在这时，一个意大利军官突然把枪口对准了泰勒，大声地喝道："举起手来，你们这些意大利佬，我们才是真正的美国兵！"

车上的人又是一惊，不知如何回答才好，只见泰勒笑眯眯地站直了身子，猛地行了一个意大利军礼，说道："亲爱的美国大兵们，我代表墨索里尼元首向罗斯福致敬！"

原来泰勒平时闲着的时候，也喜欢学一些意大利语，没想到今天竟派上用场了。

那个故意试探他们的意大利军官，被泰勒幽默的语气逗得哈哈大笑，他拍拍泰勒的肩膀，笑着说："没想到你演得比我还像呀！"

泰勒也跟着大笑起来，为了彻底消除敌人的疑心，他用手推了推身边的部下，故意说道："伙计，我们把证件给这些兄弟们看看，让他们瞧瞧有没有破绽，如果我们自己人都能发现问题，那我们还怎么混进美军部队里去。"

这句话，一下子说到意大利士兵的心里去了：这几个身份不明的人，是要检查检查他们的证件。谁知这句话竟让泰勒先说出来了，自己再也没理由怀疑了。

泰勒首先掏出了自己的证件，伸到那名军官的眼前，一本正经地说："我是假冒美国82空降师少将泰勒，你看看，证件像不像？"

接着，车上的副官们也纷纷掏出证件，往意大利士兵手中递去。

那个军官只瞥了一眼，就笑着说："行了，行了，你们胆子可真不小，连美军的少将都敢扮，佩服，佩服。"说完，一挥手，意大利士兵立刻让开了一条道路。

吉普车扬起一阵尘土，飞驶出去，一直等驶出老远，众人才定下心，开始夸奖起泰勒来，泰勒却笑着说："我也紧张极了，你们看，我里面的衬衣全都湿透了！"

·巴顿道歉·

　　1943年8月的一天，一辆吉普车载着美国名将巴顿将军，风驰电掣般地朝美军的一所野战医院驶来。

　　几天前，巴顿曾率领美国第7军团以排山倒海之势，沿西西里岛北部海岸挺进，先于英国蒙哥马利元帅攻占了墨西拿，取得了辉煌的胜利。那时，他坐在敞篷吉普车里，头戴缴获的德国将军的双鹰白钢盔，一副不可战胜的神情。而现在，他虽然仍旧戴着那顶双鹰白钢盔，却神情沮丧，与前几天简直判若两人。因为他这次到医院里来是向医生和伤员道歉的，而且是总司令艾森豪威尔将军特意命令他这样做的。

　　原来，一个多星期前，巴顿将军在视察这所野战医院时，曾大发脾气。那时，他正巧看见一名青年士兵，看上去根本没有患病的样子，却要求住院，巴顿用炯炯有神的眼睛盯着他，问："你有什么病？"

　　那上兵回答说他神经有毛病，说着说着，他竟呜呜地哭了起来。过了一会儿，那士兵继续说道："我再也受不了炮弹的爆炸声了，我要住院。"

　　巴顿性情耿直暴烈，他最讨厌胆小鬼。他知道，士兵是想争取住院，逃避作战，他便冲着那士兵又叫又骂，士兵哭得更伤心了。巴顿按捺不住心中的火气，抬手抽了那士兵两个耳光，对旁边围观的医生喊道："我命令你们不准他住院。"他转过脸来，骂那士兵："胆小鬼。你越是害怕，我越要把你送到前线去。"

　　这件事，在医院里引起一阵混乱。医生们对他的举动非常不满，

于是他们把一份检举巴顿的报告，送到了艾森豪威尔将军的手里。

艾森豪威尔读了报告，十分重视。他提笔给巴顿写了封长信，开头便说："我清楚地懂得，为了达到预期的目标，有时采取坚定和断然的措施是必要的，但是不能粗暴，不能辱骂伤员，也不能在下级面前控制不住自己的脾气……"这位总司令命令巴顿写一份深刻的检查，并向挨打的士兵道歉，向医院的护士和医生们道歉。总司令的口气十分严厉，并让巴顿立即执行。

艾森豪成尔在执行军纪上是十分认真的，并且不讲情面。巴顿为自己的行为后悔不迭，连忙乘车到医院来了。

这时，巴顿刚刚打败德军，夺取墨西拿，各种报纸都在头版刊登了他的照片，一时间巴顿成了大家敬仰的英雄，所以他一到野战医院，便引起了轰动。医生、护士和伤员都对他的到来表示欢迎。巴顿摆了摆手，说："我不是来视察的，别欢迎了。我是来作检查的，来给你们道歉的……"他的语气诚恳。这时大家才发现巴顿的神情不对，也没像往常那样用手杖去戳头上的白钢盔。过去，他在这种场合，总会把白钢盔戳到后脑勺，露出他那宽宽的额头。现在那白钢盔都罩到眉毛上了。有人说："立了那么大的功，那点小错算不了什么。"

巴顿摇摇头说："功是功，过是过，都怪我粗暴。"说完，他态度非常诚恳地向被他打的士兵道了歉。

巴顿从医院回来后写信给艾森豪威尔，汇报了他去医院道歉的情况，他在信中写道："我无法用言词来表达我心中的悔恨和忧伤。你批评了我，你是我感激不尽的人。我心甘情愿为你献出我的生命。"

·撤退妙计·

1943年秋天，苏联近卫坦克第3集团军和另外几支主力部队，发起了德温伯河会战。战役由苏军著名将领瓦杜丁大将指挥。

瓦杜丁大将率领着部队，迅速地渡过德温伯河，夺下了基辅东南侧的布克林登陆场。正当大部队想再往前挺进时，德军的大批增援部队赶到了，并发起了猛烈的反攻。

几天下来，苏军同德军进行了两次大的战斗。由于德军武器精良，再加上他们兵力强大，瓦杜丁的部队伤亡惨重。

瓦杜丁知道，目前的局势对自己极为不利，必须紧急撤退，不然就可能面临全军覆灭的危险。于是，他向苏联的最高统帅部发去了一份急电，请求上级同意他撤军的方案。

很快，瓦杜丁接到了上级指示，同意他撤军，不过让他撤过德温伯河后，要顺河进军40公里，然后再渡河，去包抄德军的后方。

如何撤退，瓦杜丁为这个问题苦苦思索起来。如果突然撤军，德军一定会乘胜追击，后果更是难以想象。只有悄悄地退出战场，不让德军看出一点痕迹才行。为此，瓦杜丁想出了一个撤退方案。

瓦杜丁把集团军的军官们召集来，让他们出去传达一个暂停进攻、就地转入防御的假命令。然后，他又让人从前沿阵地上抬回一具无名尸体。军官们谁也猜不透瓦杜丁想干什么。

瓦杜丁一边让人为无名尸体套上苏联军官的军服，一边笑着说："别再傻想了，回去等命令准备撤退吧！"

瓦杜丁忙令手下又打出一份刚才颁布的假命令，然后塞进一个公文包里，挂在了那个假军官的身上，并让人悄悄将假军官扔回前沿阵地。

这时，德军也收到了瓦杜丁刚刚颁布的"命令"，他们都不太相信。为了试探虚实，他们又发动了一轮进攻。果然，苏军连连后退，全躲进了后方挖好的战壕里。

德军清理阵地时，发现一个苏联的军官尸体，而且身上还有机密文件。德军指挥官对假文件深信不疑，于是，命自己的部队停止进攻，作一番休息调整，再一鼓作气，冲杀过去。

看到德军停止了进攻，瓦杜丁知道敌人上当了。开始布置起撤退的任务，苏联军队就在德军的眼皮下，悄悄地撤过了德温伯河。

过了几天，德军指挥官觉得该是总攻的时候了，就派了几架轰炸机，对瓦杜丁的营地狂轰滥炸了一番，然后大队人马才杀过去。谁知，成为废墟的苏军营地里，竟连一具尸体都没有。其实，他们已安全撤退了。

·我跟他们一起·

道格拉斯·麦克阿瑟是美国的五星上将，他不同于美国历史上的任何一位将领，他的一生充满了第一和惟一。他是第一次世界大战时美军中最年轻的准将、少将，是美国历史上参加过三次重要战争的惟一将军，同时又是被外国授予元帅的惟一美国人。

1943年以后，以美军为首的盟军，把新几内亚和新不列颠岛作为进攻的第一个目标，因为只要占领了这些岛屿，就可以进一步向北去进攻日军在太平洋地区的主要基地。攻打新几内亚和新不列颠岛的任务，自然便落在麦克阿瑟的身上。

但是，日本军队在这个地区已经驻扎了好多年，岛上的工事十分牢固，军火储备也很充足，再加上日本兵的武士道精神，要想攻克这些茫茫海域里的小岛屿，任务极其艰巨。

连攻两月，收获甚微，麦克阿瑟经过一番慎重的考虑，决定命澳大利亚军队由北攻打日军，和自己部队形成南北夹攻之势，希望能一举攻占新几内亚全岛。

离岛40公里的纳扎博，有一个日军的简易机场，如果能够占领它，就等于掐断了敌人的后援供给。可是，这个纳扎博机场却不在海滩上，他决定建立一个独立空降团，进行空降。

第503伞兵团长金斯勒上校受命组建独立空降团。金斯勒挑选和训练士兵，同时，还特别留意风力和风向，最后决定在9月4日晚到9月5日晨行动。

麦克阿瑟配合这次行动首先派出轰炸机群，对纳扎博地区一阵狂轰滥炸，很快就取得了该地区的局部制空权。同时，麦克阿瑟又派出了两个团，假装从东海岸进攻，把日军的主力部队全都吸引过去。

金斯勒上校正和他的1700多名伞兵们整装待发，只等麦克阿瑟的一声令下，就要飞往纳扎博的上空了。

这时，麦克阿瑟突然决定，要亲自同金斯勒上校前往纳扎博，他身后的几名副官连连劝他，说那里太危险了，不必去冒这个险。麦克阿瑟听后，微微一笑，说道："这些孩子们第一次空降，我跟他们在一起，说不定会给他们一点安慰。"说到这里，他拍了拍金斯勒上校的肩膀，幽默地说："这次任务完成后，我还打算同他们一起空降到马尼拉去呢。"说完，头也不回地登上了一架运输机。

运输机群便载着麦克阿瑟和空降兵们来到了纳扎博地区的上空，他们先向下投了许多烟雾弹，然后，借着烟雾的掩护，不用五分钟，就全部降落到了指定的地点。

机场上的日军还没清醒过来，机场就被美军占领了。

第二天，澳大利亚第7师空运到了纳扎博机场，他们配合麦克阿瑟的部队，向西南方向挺进，立即对日军形成前后夹攻的态势，很快就占领了久攻不下的沙拉毛阿，接着又向前挺进，把残余的日军全都赶进了周围的热带丛林。

麦克阿瑟这次的成功指挥，为今后战斗胜利打下了基础，他的勇敢精神更令每个部下钦佩不已。

·空投计划·

1944年6月6日，随着盟军最高指挥官艾森豪威尔将军的一声令下，英美盟军的两千多艘战舰逼近了法国诺曼底海滩。紧跟着，17万海军陆战队员，在数以万计的军车和坦克的炮火掩护下冲上海滩，以最快的速度，占领了一个又一个德军的滩头阵地。

德军被打得节节败退，他们急忙向司令部求救。3个小时后，德军总部把一支机动的装甲部队调到了诺曼底，想抵挡住盟军的攻势。

有了装甲部队的支援，诺曼底的德军不再慌张，同盟军僵持下来。

艾森豪威尔明白，如果这样僵持下去，对盟军非常不利，因为再过半天，诺曼底的盟军战士就要弹尽粮绝了。

艾森豪威尔急忙找来美国空军少将格莱格尔，命令他立刻率领200架运输机，去给正在诺曼底奋战的盟军空投弹药和补给品。

格莱格尔接到命令后，立即拿出地图，想找一条安全的航线进行空投。经过一番研究，他决定让运输机先到加来海岸，干扰德军，等转移他们的视线后，再飞向诺曼底，把补给品投到抢滩的盟军手中。

200架运输机按照格莱格尔的计划，在加来上空绕了一圈。可忙于抵挡的诺曼底德军，谁也不管他们，任凭他们在空中乱飞。

格莱格尔的计划落空了。

这时，格莱格尔身边的一个飞行员说道："将军，干脆，我们冲过炮火，强行把补给投给盟军！"

格莱格尔不同意。他说："如果这时我们空投下去，一定会影响盟军的战斗力，同时还会让德军知道盟军的底细，他们一定会趁势反

扑的。"

格莱格尔脑海中忽然闪过一个念头：不如将弹药箱和食品箱用降落伞套着投到德军的后面，这样的话，一方面可以激励登陆盟军发动反攻，另一方面，也可造成盟军派遣空降部队截断德军后路的假象。

主意一定，格莱格尔马上向机群发出命令。刹那间，只见200架运输机很快飞到了德军的后防线，数万只黑黝黝的弹药箱、食品箱从天而降。

正在激战的美英盟军，以为格莱格尔投错了地方，十分焦急，他们的指挥官转念一想，立刻明白了格莱格尔的意图。他忙大声喊道："我们的增援部队到了，他们正在包围德国人！"

德军对盟军的这一举动也都信以为真，以为运输机投下的是空降兵，一个个吓得连声喊道："快跑啊，我们被包围了！"

趁德军心理防线完全崩溃的时候，美英盟军发动了冲锋，德军哪敢再抵挡，纷纷四散奔逃。

由于格莱格尔的成功指挥，诺曼底登陆的盟军顺利地取得了补给，他们一鼓作气，彻底赢得了诺曼底的胜利。格莱格尔也因此获得了一枚"钻石勋章"。

·激将法·

1945年，斯大林命令朱可夫元帅指挥柏林战役。接到命令后，朱可夫率雄兵百万，一举突破德军的奥得河防线。本以为一鼓作气，能将红旗插上德国的国会大厦，谁知在泽劳弗这块地方，遭到德军强大火力的阻击，一时寸步难行。

泽劳弗是座高地，像一堵墙挡在苏军向柏林进攻的途中，向东的坡面陡峭，后面是一片高原。德军在这儿集中了大量的兵力、武器，所以这儿称为"柏林之锁"。

朱可夫对泽劳弗高地的第一次突击行动失败了，原因是他对那里的地形的复杂性估计不足，没有料到德军在高坡上隐蔽的兵力和武器。这些设施是苏军的炮火很难摧毁的，苏军坦克也很难施展自己的威力。

部队损失惨重。朱可夫元帅刚刚在奥得河的突击中获得成功，根本没想到德军还有如此巨大的反击力。

朱可夫气呼呼地从掩蔽部大步走了出去，在前沿观察一番后，马上决定将准备留在下一阶段使用的两个坦克集团军投入战斗，命令飞机轰炸德军阵地，他狠狠地说："我就不相信这么一座小小的高地能挡住我！我要把它炸个粉碎。"

战斗越打越激烈，朱可夫部队伤亡也越来越惨重。朱可夫连忙给斯大林打电话，汇报进攻受阻的情况。谁知斯大林听了朱可夫的汇报，并不着急，只在电话里谈柏林战役另一支部队的情况："在科涅夫那边，敌人的防御要弱些，他比较容易地就渡过了尼斯河，向前推进也没遇到特别的抵抗，你晚上再来电话吧。"

晚上，朱可夫又给斯大林打电话。斯大林先批评了朱可夫的一些不适当的措施，又问："你有办法在明天攻克泽劳弗防线吗？"当他听到朱可夫犹豫的回答时，就冷冷地说了句"再见"，便放下了电话。

朱可夫这回真的感到压力太大了，随即，他又得到一个情报：在自己与斯大林通过电话后，柏林战役另一路的指挥官科涅夫元帅要求斯大林派两个坦克集团军，提前向柏林方面转移。斯大林已同意。科涅夫的两个坦克集团军已在火速地向柏林前进了。

这下，朱可夫更是坐立不安。原来，朱可夫与科涅夫同为元帅，各自指挥着强大的方面军。这场攻克柏林的战役，他俩是两支互相没有统属关系的部队。两人都想第一个攻下柏林，抢到头功。当初在莫斯科商讨进攻柏林的计划时，他俩都在斯大林面前陈述，说由自己一支部队，就能进入柏林。斯大林让他俩各自拟了一份进攻计划，说："我同意你们的计划，你们照计划执行，中途不用再请示了。"结果，这两支方面军在柏林战役中，成了互相竞赛的对手。现在朱可夫眼见柏林城就在眼前，自己的部队胜利在望，却有可能轻易地让对手抢了头功，这对于争强好胜，不喜欢同别人分享荣誉的朱可夫，简直是不能忍受的。

朱可夫情绪激动地从参谋人员身边大步走过去，拿起电话，亲自给各个战地指挥官下达命令："全力突击，全力突击，给我拿下泽劳弗。"

军令如山！苏军的飞机、火炮、坦克一齐上阵，对泽劳弗展开了强大的攻击。前边的坦克着火燃烧，后面的照样呼啸而去。前边的士兵倒下了，后边呼喊着冲上来。那种视死如归、前仆后继的精神，将德国士兵震住了。他们双手发抖，别说瞄准，连扣扳机的手指也软了，眼睁睁地瞅着眼睛血红的苏军战士冲上阵地，然后连滚带爬地撤出泽劳弗阵地，溃逃而去。4月18日清晨，"柏林之锁"终于被朱可夫

打开了。1945年4月20日上午，朱可夫的集团军攻到柏林城下，向柏林市区开始了炮击。

斯大林在莫斯科听到朱可夫的电话汇报，满意地举起烟斗抽了一口，吐出袅袅青烟，他心里不禁有些得意，看来自己的激将法还真是用对了。

·堡垒变坟墓·

斯普鲁恩斯是美国著名的将军，在第二次世界大战中，立下了汗马功劳。这次，他的任务是攻占太平洋上的一个小岛——硫磺岛。

硫磺岛已被日军抢先占领了，他们在岛上设置了许多明碉暗堡。美军刚一登陆，便被日军强大的火力罩住了，伤亡惨重。美军费了九牛二虎之力，才占了岛上的一个小角，便再也无法前进一步。

斯普鲁恩斯知道这小岛对整场战役起着关键的作用，可他又不能眼睁睁地看着战士们去送死，这可让他左右为难。他决定派坦克连在前面冲锋开路。

虽然山路崎岖，可是坦克的性能好，爬山过坎不成问题。只是日本兵就是躲在堡垒里不出来，战斗陷入僵持状态。

斯普鲁恩斯急得吃不香、睡不着。他立即召来部下，希望大家能一同想出好主意来。

一名工兵少校提议："日军胜是胜在他们的堡垒坚实，要是用个什么方法堵住他们的出入口，那堡垒便可不攻自破。"

一席话听得斯普鲁恩斯连连点头。他兴奋得一拍桌子："说得好！我想到破敌的办法了！"

几天后，美军的坦克连又向日军的堡垒发起了进攻。这次，美军的坦克一字排开，令日军感到奇怪的是，坦克前面堆着一团团黑乎乎像泥巴一样的东西，谁也不知道那是什么。

等美军的坦克将泥巴推到堡垒前面时，一个日本兵忽然说："难道美国佬要活埋我们？"

其他的日本兵哈哈大笑："凭这点泥巴就想埋了我们？笑话，等他们推完了，咱们不会去挖吗？"

话没说完，第一批推泥巴的坦克撤了下去，第二批又紧跟了上来。就这样，一批接一批，一个多小时后，堡垒口和所有的通道全被堵死了。

堡垒里的日本兵慢慢感到气闷起来，赶紧拿起铁锹去挖，可刚挖两下，就发觉情况不妙了。

原来这些黑乎乎的泥巴是掺了胶水的速干水泥，没一会儿，这些泥巴就变成了坚硬无比的石块了，铁锹哪能铲得动它！

这个主意就是斯普鲁恩斯在工兵少校的提醒下想到的。

半个小时后，堡垒里的200多名日本兵全被闷死了，他们怎么也想不到，自己修筑的坚固的堡垒，竟然成了自己的坟墓。

·失败者的荣誉·

1945年9月2日，日本投降仪式在美国的"密苏里号"军舰上举行，这历史性的一刻，受到全世界的瞩目。

上午9点整，占领军最高指挥官道格拉斯·麦克阿瑟将军出现在军舰的甲板上，军舰上的数百名记者和摄影师顿时全把镜头对准了他，其他人都睁大了眼睛，谁也不愿放过这个令全世界为之激动的伟大场面。

大家都以为麦克阿瑟将军肯定会先说一段精彩的开场白，没想到他在签字桌前坐了一会儿，突然，向站在远处的两个人招了招手，并大声地说道："二位请站到这边来。"

是什么人如此重要？舰上的人忙将目光投了过去。原来，麦克阿瑟将军招呼的这两人是美国陆军少将乔纳森·温斯特和英国陆军中校亚瑟·帕西瓦尔。

这两人刚刚从战俘营里获释，才赶到这里不久。

舰上的人都窃窃私语起来。有人说："麦克阿瑟将军怎么了？也不看看今天是什么日子，干嘛要找两个俘虏出丑？"还有人说："这两个俘虏也好意思出来！"众人你一言、我一语，脸上都充满了猜忌和不快，要知道，谁不想站在这个历史镜头中最显要的位置？

其实，麦克阿瑟将军喊他们出来，自然有他的想法。因为，在来之前，他看到温斯特和帕西瓦尔在战俘营的照片，照片上的他俩面容憔悴、神情恍惚，可见他们在里面吃了不少苦。麦克阿瑟想：两人都是在苦战之后，寡不敌众，为了避免更多战士的牺牲，才不得不忍辱负重放弃抵抗的，我们应该理解和尊重他们。

　　这个时候，温斯特和帕西瓦尔激动地走到麦克阿瑟将军面前，庄严地敬了一个军礼。麦克阿瑟将军含笑向他们点了点头，回了一个军礼，两人更是感动得热泪盈眶，笔挺挺地站在将军的身后。

　　签字仪式正式开始了，签字桌上摆着英、日两种文本的投降书。麦克阿瑟将军代表盟军在上面签下了自己的名字。这时他又做出了更让人吃惊的举动。他从口袋里取出了五支笔来，先用第一支笔写下了"道格"后，回身把这支笔送给了温斯特，接着，他又用第二支续写了"拉斯"，紧跟着又把这支笔送给了帕西瓦尔，剩下的名字又分别用另外三支笔写完，然后，把这三支笔分赠给了美国政府档案馆、西点军校和自己的夫人。

　　直到此时，人们才明白麦克阿瑟的苦心，大家忙为他热烈地鼓起掌，也为温斯特和帕西瓦尔感到欣慰。

·戴高乐巧计破兵变·

　　法国前总统戴高乐，是一位举世闻名的政治家、军事家，他曾在20世纪60年代初期，没用一枪一弹，打赢了一场"战斗"。

　　那个时候，法国在殖民地阿尔及利亚深深地陷入了与当地民族独立力量的战争中。这场战争，使法国的军费开支日益增大，财政赤字造成了政府极大的负担。为了摆脱困境，戴高乐总统于1961年春天，毅然决定同阿尔及利亚的民族解放阵线组织举行和平谈判。

　　谈判共分为两步，首先是双方秘密接触，定好谈判的有关事宜，而后选择一个适当的时间，正式宣布会谈开始。谁知第一步工作刚刚结束，第二步工作还没有来得及进行，和谈的风声就不知怎么传到了法国驻阿尔及利亚的殖民地军官耳朵里了。这些军官为了自己的私利，对和谈群起反对，并密谋兵变，来阻止这场战争的和平解决。

　　戴高乐很快就得知了这个消息。他知道，无论如何也不能让这些军官的阴谋得逞。

　　眼看和谈的日子越来越近了，但戴高乐还是没想出粉碎叛乱的办法。这天傍晚，他为了放松一下，打开了收音机，听着听着，他忽然灵机一动，计上心来。

　　第二天一早，戴高乐下达了一道命令，让几名助手去准备几千台便携式收音机。助手们不知总统要干什么，戴高乐说："你们别管那么多，反正不论用什么办法，一定要给我把收音机准备好，而且一台也不许少。"

　　没几天工夫，几千台便携式收音机就备齐了。戴高乐非常满意，说："现在你们就把这些收音机全部发给驻阿尔及利亚军队，就说是

为了改善士兵们的文化生活而发的。"

几天后，驻阿尔及利亚的法军士兵，每人都得到了一台收音机，军官们丝毫没有怀疑什么。那些军官还暗自庆幸，看来戴高乐对即将发动的兵变毫不知情，这下更可以放心大胆地干了。

驻阿尔及利亚的法国士兵们自从有了收音机，便天天沉醉在里面，不管什么节目，都听得津津有味。可是，就在两国和谈的前一天晚上，士兵们从收音机里听到的不是几天来播放的流行歌曲，而是总统戴高乐的声音：

"忠诚的士兵们，你们面临着忠于谁的抉择，我就是法兰西，就是她命运的工具。跟我走吧，服从我的命令，回到祖国，回到家人的身边……"

这语言，这声音，深深地震撼着士兵的心灵，他们对这一切是那么熟悉！当年戴高乐流亡国外，指挥反法西斯斗争时，就曾经发表过这篇"跟我走"的广播讲话。那一番话，鼓舞了法国人民抗击法西斯侵略的昂扬斗志，唤醒了法国军队保家卫国的觉悟。今天的讲话内容几乎和当年完全一样，士兵们决定跟戴高乐在一起。

奇迹出现了。第二天清晨，驻阿尔及利亚军官全副武装来到兵营，可眼前的情形让他们大吃一惊：兵营里已没有了往日的气氛，所有的人都打起背包准备回家。

就这样，戴高乐没费一枪一弹，只用了几千部收音机，就使这场预谋已久的兵变以流产告终。

·水冲防线·

第四次中东战争中以色列耗资几亿美元，在苏伊士运河东岸筑起一道长130千米的巴列夫防线，后来，为了拦阻埃及军队，又在前沿阵地筑了一道20米高的沙堤。

果然，这道沙堤成了埃及军队前进的障碍。该怎么掘开这20米高的沙堤呢？埃及军队工兵司令拉曼德将军连续几天和部下研究出许多破敌方案，但没有一个令人满意。

经过仔细的计算，每挖一条通道，就得运走1.5万立方米的沙土，要挖出60条通道，得运走90万立方米的沙土。这样大的工程，短短几个小时哪能办得到呢？

这时，一名少校说道："干脆，咱们用重炮炸平沙堤。"

拉曼德缓缓地摇了摇头。他晓得，如果用炮来炸沙堤，将要浪费不计其数的炮弹，万一以色列军队再反击，自己不手忙脚乱才怪。

另一名军官提议："如果我们用飞机来轰炸呢？"

拉曼德没等他说完，就摇起了手："飞机炸完后，那90万立方米的沙土怎么运走？堆在那儿，岂不又成了我们前进的障碍？"

这时，一名勤务兵蹑手蹑脚地走进会议室，想来给长官们的水杯里加点水。他轻轻地拿过拉曼德将军的杯子，"哗"一下把水灌满。

这声音犹如晴天中的一声霹雳，让拉曼德脑海里一亮，他兴奋得猛地站了起来，连声呼道："有办法了！有办法了！"

众人全都被他吓了一跳，迷惑地互相看着，不知什么好主意能让他激动成这样。

拉曼德说："用水，我们可以用高压水龙头冲击沙堤，这样不仅

可以摧毁沙堤，而且还能借着水力，把泥沙冲走。" 众人听后，连连拍手称赞。 拿定主意，拉曼德立即调集了数百辆消防车，然后用强大的火力压住以色列军队。在炮火掩护下，消防车朝沙堤一齐喷水。那看似坚固的沙堤，在水柱的冲击下，很快就倒塌了，成千上万吨的泥沙顺势流入了河道，5小时后，几十条通道便全部打开了。

埃及的主攻部队，像潮水般地跨过了运河，成功地突破了巴列夫防线。

·人质抢夺战·

1976年6月27日，4名巴勒斯坦人和联邦德国人从雅典劫持了一架飞往巴黎的法航班机。劫持者胁迫这架飞机的机组人员改变航线，飞往距以色列4000千米的乌干达恩德培机场。劫机者将飞机上的240名以色列旅客扣为人质，要求用他们换取关押在以色列的53名巴勒斯坦人，否则，将毫不留情地杀死全部人质。

以色列政府一面呼吁劫持者延缓期限，一面抓紧时间密谋救出人质。他们任命匹姆龙将军担任总指挥，选出166人组成了一支突击队，前去营救人质，并把这次行动称为"乌干达慈航计划"。

7月3日上午，匹姆龙将军率突击队，火速奔向一片荒无人烟的大沙漠，那里有一座仿制得惟妙惟肖的"恩德培机场"。突击队在这模拟训练场上开始了紧张的突击演练。

这次演练十分逼真。匹姆龙要求突击队员们一次又一次地向"机场"上那座"候机大楼"冲击，演习实际突袭时所需要的各种动作。有一次，当突击队员们冲到"候机大楼"前时，"大楼"的一侧突然开始坍塌，整个"大楼"像遭到了地震似的摇晃起来，看起来随时都有倒下来的可能。面对危险，全体突击队员们没有一个人中途停下来，因为他们心里都非常清楚，这是一场生死存亡的演练，没有命令，任何人都不能停下进攻的脚步。否则，在实战中就有可能招来杀身大祸。演练就这样在逼真的气氛中进行着，直到他们的每一个动作都使匹姆龙将军完全满意为止。

一天傍晚，突击队员们搭乘3架"大力士"运输机，从西奈半岛最南端的沙姆沙伊赫机场秘密出发了。匹姆龙将军按预定计划，开始了

4000千米的长途奔袭。

这天深夜23点整，机舱里突然警铃声大作，机舱壁上的报警红灯也一闪一闪地发出了刺目的光芒。闻警而起的突击队员们，立即做好了战斗准备。紧接着，喇叭里传来了命令："我们现在位于恩德培机场上空，准备强行着陆！"与此同时，地面上的配合行动也展开了。首先，以色列潜伏在乌干达的间谍切断了恩德培机场对外的一切联络，而以色列政府官员则在此时打电话给乌干达总统，以分散他的注意力。

这时，机场的航空管制塔发现了空中的机群，立即进行询问。匹姆龙将军马上用事先编好的谎话说："这里是东非航空公司，我们从以色列运来了劫机者要求释放的巴勒斯坦人。"顿时，航空管制塔里响起了一片欢呼声："以色列第一次屈服了！"

突击队的飞机在机场上刚刚停稳，机舱内的装甲车和吉普车便冲出了机舱。匹姆龙将军率领第一突击组的35名突击队员冲进了候机大楼，他用只有犹太人才能听懂的希伯来语高喊了一声："卧倒！"楼内的所有以色列人立即趴在了地上。而其他听不懂希伯来语的人，却仍然无动于衷地站立着。刹那间，几十支冲锋枪同时向大楼内一阵狂射，四名劫机者连叫都没来得及叫一声，就全部被击毙了。

与此同时，第二突击组也冲到了停机坪前，向排列得整整齐齐的米格战斗机发射反坦克导弹。随着一阵轰响，十多架战斗机瞬间变成了一堆废铁。紧接着，第三突击组已迅速地夺取了航空管制塔，捣毁了塔内的全部设备。恩德培机场瘫痪了。

这一切仅仅用了53分钟。当乌干达装甲部队开进机场时，匹姆龙将军已带着他的突击队员和被劫持的人质，乘上飞机，返回以色列了。